DR. OETKERS WEIHNACHTS-BÄCKEREI

MOEWIG

Inhaltsübersicht

VPM Verlagsunion Pabel Moewig KG, Rastatt

Fotos: Ceres Verlag
Printed in Germany 1998
ISBN 3-8118-1444-3

Zöpfe, Stollen, Kränze, Brote

Mohnrolle

Zwei Drittel von

375 g Weizenmehl in eine Schüssel sieben, mit
1 Pck. Trockenhefe sorgfältig vermischen
75 g Zucker
1 Pck. Vanillin-Zucker
Salz
75 g zerlassene, lauwarme Butter oder Margarine
1 Ei
knapp 200 ml (1/5 l) lauwarme Milch hinzufügen, mit dem Mehl verrühren, so lange schlagen, bis der Teig Blasen wirft, das restliche Mehl darunter kneten, den Teig an einem warmen Ort so lange stehen lassen, bis er etwa doppelt so hoch ist

250 g gem. Mohn mit
150 g zerlassener Butter oder Margarine
150 g Zucker
2 Eiern
25 g abgezogenen, gem. Mandeln
100 g gewürfeltem Zitronat (Sukkade)
75 g Rosinen
2 Tropfen Bittermandel-Aroma zu einer geschmeidigen Masse verrühren,

den Teig zu einem Rechteck von 35 x 40 cm ausrollen, die Füllung gleichmäßig darauf verstreichen (an den Seiten je 2 cm frei lassen), die Ränder an den beiden kürzeren Seiten etwas einschlagen, den Teig von der längeren Seite her fest aufrollen,

die Rolle auf ein gefettetes Backblech legen, an einem warmen Ort nochmals so lange stehen lassen, bis sie sich sowohl in der Breite als auch in der Höhe etwa um die Hälfte vergrößert hat, die Rolle der Länge nach etwa 1/2 cm tief einschneiden, mit

Kondensmilch bestreichen, in den vorgeheizten Backofen schieben

Ober-/Unterhitze 150–175 °C
Heißluft 130–150 °C
Gas Stufe 2–3
Backzeit etwa 40 Minuten.

Hefezopf

500 g Weizenmehl	in eine Rührschüssel sieben, mit
1 Pck.Trockenhefe	sorgfältig vermischen
1 Prise Salz, 75 g Zucker	
½ Fl. Rum-Aroma	
je 3 Tropfen Zitronen-Aroma, Bittermandel-Aroma	
je 1 Msp. gem. Kardamom, gem. Muskatblüte	
200 g zerlassene, abgekühlte Butter	
2 Eier, 1 Eiweiß	
6 EL lauwarme Milch	hinzufügen, alles mit Handrührgerät mit Knethaken zuerst auf der niedrigsten, dann auf der höchsten Stufe in etwa 5 Minuten zu einem Teig verarbeiten
125 g Rosinen	
125 g Korinthen	
50 g gem. abgezogene Mandeln	
50 g gewürfeltes Zitronat	alle Zutaten mit dem Handrührgerät unter den Teig kneten, sollte er kleben, noch etwas Mehl hinzufügen (aber nicht zu viel, Teig muß weich bleiben), den Teig an einem warmen Ort so lange stehen lassen, bis er sich sichtbar vergrößert hat, ihn dann mit dem Handrührgerät auf der höchsten Stufe nochmals gut durchkneten, ⅔ des Teiges in 3 gleich große Stücke teilen, von jedem Teigstück eine 40 cm lange Rolle formen, zu einem Zopf flechten, die Enden des Zopfes gut zusammendrücken, damit sie sich beim Backen nicht lösen, den Zopf auf ein gefettetes Backblech legen, mit einem Rollholz der Länge nach eine Vertiefung eindrücken
1 Eigelb	mit
1 EL Milch	verschlagen, die Vertiefung mit etwas davon bestreichen, von dem Rest des Teiges 3 etwa 35 cm lange Rollen formen, daraus einen Zopf flechten, auf den größeren legen, ebenfalls mit Eigelb bestreichen, den Zopf nochmals an einem warmen Ort so lange stehen lassen, bis er sich sowohl in der Breite wie in der Höhe sichtbar vergrößert hat, ihn erst dann in den Backofen schieben
Ober-/Unterhitze	180–200 °C (vorgeheizt)
Heißluft	160–180 °C (nicht vorgeheizt)
Gas	Stufe 3–4 (vorgeheizt)
Backzeit	etwa 35 Minuten.

Aprikosenzopf

150 g getrocknete, grobgehackte Aprikosen	
75 g abgezogene, gehackte Mandeln	
50 g gewürfelte Sukkade (Zitronat)	
25 g gewürfeltes Orangeat	mischen, mit
2 EL Arrak	beträufeln, gut durchziehen lassen
	2/3 von
500 g Weizenmehl	in eine Schüssel sieben, mit
1 Pck. Trockenhefe	sorgfältig vermischen
100 g Zucker	
200 ml lauwarme Milch	
1 Ei, Mark von 1/2 Vanilleschote	
abger. Schale von 1/2 Zitrone (ungespritzt)	
1 Prise Salz	
150 g zerlassene Butter	hinzufügen, mit dem Handrührgerät mit Knethaken zunächst auf niedrigster, dann auf höchster Stufe in etwa 5 Minuten zu einem Teig verarbeiten, das Aprikosengemisch mit dem restlichen Mehl unter den Teig kneten, sollte der Teig kleben, noch etwas Mehl hinzufügen, Teig zugedeckt so lange an einem warmen Ort stehen lassen, bis er sich sichtbar vergrößert hat, Teig gut durchkneten, in 3 gleiche Stücke teilen, von jedem Teigstück eine 35–40 cm lange Rolle formen, die 3 Rollen zu eine Zopf flechten, die Enden des Teigzopfes gut zusammendrücken, damit sie beim Backen nicht aufgehen, den Zopf auf ein gefettets Backblech legen, nochmals an einem warmen Ort so lange stehen lassen, bis er sich sichtbar vergrößert hat, das Blech in den Backofen schieben
Ober-/Unterhitze	180–200 °C (vorgeheizt)
Heißluft	160–180 °C (nicht vorgeheizt)
Gas	Stufe 3–4 (vorgeheizt)
Backzeit	etwa 60 Minuten.
	Nach dem Backen den noch heißen Zopf mit
75 g weicher Butter	bestreichen, mit
75 g Puderzucker	bestäuben.

Stollen – einmal anders

250 ml (1/4 l) Wasser	
100 g Butter	
oder Margarine	am besten in einem Stieltopf zum Kochen bringen
125 g Weizenmehl	sieben, auf einmal in die von der Kochstelle genommene Flüssigkeit schütten, zu einem glatten Kloß verrühren, unter Rühren etwa 1 Minute erhitzen, den heißen Kloß sofort in eine Rührschüssel geben nach und nach
2–3 Eier	
1 gut geh. EL Zucker	mit einem Handrührgerät mit Knethaken auf höchster Stufe unterarbeiten, weitere Eizugabe erübrigt sich, wenn der Teig stark glänzt und so von einem Löffel abreißt, daß lange Spitzen hängenbleiben
150 g Schweineschmalz	
50 g Rinderfett	beide Zutaten zerlassen, kalt stellen
100 g Zucker	
1 Pck. Vanillin-Zucker	
Salz	in das erkaltete, etwas festgewordene Fett geben, mit einem Handrührgerät mit Rührbesen auf höchster Stufe so lange rühren, bis Fett und Zucker weißschaumig geworden sind nach und nach
1 Ei, 1 Eigelb	
je 4 Tropfen Bittermandel-Aroma, Zitronen-Aroma	
1 Fl. Rum-Aroma	
je 1 Msp. gem. Kardamom, gem. Muskatblüte	unterrühren
400 g Weizenmehl	mit
1 Pck. Backpulver	mischen, sieben, knapp die Hälfte davon auf mittlerer Stufe unter die Fett-Zucker-Masse rühren, das restliche Mehl auf die Tischplatte geben, darauf den Rührteig und den Brandteig geben
125 g Korinthen	
125 g Rosinen	mit
100 g gewürfeltem Zitronat (Sukkade)	
100 g abgezogenen, gehackten Mandeln	hinzufügen, alles schnell zu einem glatten Teig verkneten, sollte er kleben, noch etwas Weizenmehl hinzufügen, den Teig zu einem Stollen formen, auf ein mit Backpapier belegtes Backblech legen, mit
1 Eiweiß	bestreichen
Ober-/Unterhitze	vorheizen 250 °C, backen 160–180 °C

Fortsetzung Seite 10

Heißluft	vorheizen 200 °C, backen 150 °C
Gas	2–3 (vorgeheizt)
Backzeit	50–60 Minuten
75–100 g Butter	zerlassen, den Stollen sofort nach dem Backen damit bestreichen, mit
Puderzucker	bestäuben.

Quarkstollen

(Foto Seite 17)

500 g Weizenmehl	mit
1 Pck. Backpulver	mischen, auf die Tischplatte sieben, in der Mitte eine Vertiefung eindrücken
175 g Zucker	
1 Pck. Vanillin-Zucker	
Salz	
je 4 Tropfen Bittermandel-Aroma, Zitronen-Aroma, 1 Fläschchen Rum-Aroma	
je 1 Msp. gem. Kardamom und gem. Muskatblüte	
2 Eier	hineingeben, mit einem Teil des Mehls zu einem dicken Brei verarbeiten
175 g kalte Butter oder Margarine	in Stücke schneiden, auf den Brei geben
125 g Korinthen	
250 g Rosinen	beide Zutaten mit
250 g Speisequark	
150 g abgezogenen, gem. Mandeln	
50 g gewürfeltem Zitronat (Sukkade)	darauf geben, mit Mehl bedecken, anschließend auf der Tischplatte von der Mitte aus alle Zutaten schnell zu einem glatten Teig verkneten, sollte er kleben, noch etwas Mehl hinzugeben, den Teig zu einem Stollen formen, auf ein mit Backpapier belegtes Backblech legen
Ober-/Unterhitze	vorheizen 250 °C, backen 160–180 °C
Heißluft	vorheizen 200 °C, backen 150 °C
Gas	Stufe 2–3 (vorgeheizt)
Backzeit	50–60 Minuten
	den Stollen sofort nach dem Backen mit
100 g zerlassener Butter	bestreichen, mit

50 g Puderzucker	bestäuben, zum Auskühlen auf einen Kuchenrost legen.
Tip:	Stollen schon etwa 4 Wochen vor Weihnachten backen. In Alufolie verpacken, kühl und trocken lagern. So bleibt er frisch und bekommt noch mehr Aroma.

Gefüllter, aufgeschnittener Kranz

(Foto Seite 18)

500 g Weizenmehl	in eine Rührschüssel sieben, mit
1 Pck. Trocken-Backhefe	sorgfältig vermischen
100 g Zucker 1 Pck. Vanillin-Zucker etwas Salz, 1 Ei knapp 200 ml lauwarme Milch 125 g zerlassene, lauwarme Butter	hinzufügen, die Zutaten mit einem Handrührgerät mit Knethaken zunächst auf niedrigster, dann auf höchster Stufe in etwa 5 Minuten zu einem Teig verarbeiten, den Teig abgedeckt so lange an einem warmen Ort stehen lassen, bis er sich sichtbar vergrößert hat, ihn dann auf der höchsten Stufe nochmals gut durchkneten, zu einem Rechteck (40 x 50 cm) ausrollen, mit
50 g weicher Margarine	bestreichen, in der Mitte der Länge nach durchschneiden
75 g Korinthen 125 g Rosinen	beide Zutaten verlesen, mit
50 g gewürfeltem Zitronat (Sukkade) 50 g abgezogenen, gehackten Mandeln, 50 g Zucker 1 Pck. Vanillin-Zucker	mischen, so auf die Teigstücke streuen, daß an der durchgeschnittenen Seite je 2 cm frei bleiben, jede Teighälfte von der längeren Seite her von außen nach innen aufrollen, die Rollen umeinanderschlingen, als Kranz auf ein gefettetes Backblech legen, mit
Kondensmilch	bestreichen, die aufliegenden Rollen mit einem in Wasser getauchten Messer etwa 1 cm tief einschneiden, den Kranz nochmals so lange an einem warmen Ort gehen lassen, bis er sich sichtbar vergrößert hat
Ober-/Unterhitze	170–200 °C (vorgeheizt)
Heißluft	160–170 °C (nicht vorgeheizt)
Gas	Stufe 3–4 (vorgeheizt)
Backzeit	25–35 Minuten

Fortsetzung Seite 12

50 g Puderzucker	sieben, mit
1 EL heißem Wasser	glattrühren, so daß eine dickflüssige Masse entsteht, den Kranz sofort nach dem Backen damit bestreichen.

Hutzelbrot

(Foto Seite 19)

250 g getrocknete Birnen	
250 g entsteinte, getrocknete Pflaumen	
175 g getrocknete Feigen	mit
500 ml (1/2 l) Wasser	übergießen, über Nacht zum Quellen stehen lassen, gequollenes Obst zum Kochen bringen, 2 Minuten kochen lassen, auf ein Sieb geben, erkalten lassen, in kleine Stücke schneiden.
250 g Weizenmehl	mit
1 Pck. Backpulver	mischen, in eine Rührschüssel sieben
50 g Zucker	
1 Pck. Vanillin-Zucker	
3 Tropfen Zitronen-Aroma	
je 1 Msp. gem. Ingwer und gem. Nelken	
2 Msp. gem. Zimt	
1 EL Kirschwasser	
2 EL erkaltetes Trockenobstkochwasser	hinzufügen, die Zutaten mit Handrührgerät mit Knethaken zunächst kurz auf niedrigster, dann auf höchster Stufe zu einem dicken Brei verarbeiten, auf die leicht mit Mehl bestäubte Arbeitsfläche geben, darauf das kleingeschnittene Obst,
75 g Haselnußkerne	(grobgehackt)
75 g gewürfeltes Zitronat (Sukkade)	
100 g Rosinen	geben, zu einem zusammenhängenden Teig verkneten, sollte er kleben, noch etwas Mehl hinzufügen, den Teig zu einem länglichen Laib formen, auf ein mit Backpapier belegtes Backblech legen
1 gestr. TL Kartoffelmehl	mit
3 EL kaltem Wasser	anrühren, unter Rühren kurz aufkochen lassen, den Teig damit bestreichen
Ober-/Unterhitze	etwa 170 °C (vorgeheizt)
Heißluft	etwa 150 °C (nicht vorgeheizt)
Gas	etwa Stufe 3 (vorgeheizt)
Backzeit	50–60 Minuten.

Früchtebrot

200 g Roggenmehl	mit
200 g Weizenmehl	in eine Schüssel sieben, mit
1 Pck. Trockenhefe	sorgfältig verrühren
100 g Zucker	
½ Pck. Lebkuchen-Gewürz	
abger. Schale von 1 Orange (unbehandelt)	hinzufügen, mit dem Mehl vermengen
50 g zerlassene, lauwarme Butter oder Margarine	mit
1 Ei	
250 ml (¼ l) lauwarmem Kaffee	gut verrühren, in die Mehl-Gewürz-Mischung geben, alles mit einem Handrührgerät mit Knethaken zuerst auf der niedrigsten, dann auf der höchsten Stufe in etwa 5 Minuten zu einem Teig verarbeiten, zugedeckt an einem warmen Ort etwa 30 Minuten gehen lassen
150 g entsteinte Backpflaumen	
150 g getrocknete Aprikosen	beide Zutaten grob würfeln, mit
100 g Rosinen	
30 g abgezogenen, gestiftelten Mandeln	vermengen, 1 Eßlöffel davon zurücklassen, die übrigen Früchte mit
etwas Weizenmehl	vermengen, unter den Hefeteig kneten, einen länglichen Laib daraus formen, auf ein mit Backpapier belegtes Backblech geben, zugedeckt an einem warmen Ort nochmals 20–25 Minuten gehen lassen das Früchtebrot in den vorgeheizten Backofen schieben
Ober-/Unterhitze	etwa 200 °C
Heißluft	etwa 180 °C
Gas	etwa Stufe 4
Backzeit	50–60 Minuten etwa 20 Minuten vor Beendigung der Backzeit das Früchtebrot mit
3 EL Kartoffelmehl-Glasur	(siehe Seite 12) bestreichen, mit der zurückgelassenen Frucht-Mischung bestreuen.
Tip:	In Alufolie verpackt, kühl und trocken gelagert, bleibt das Früchtebrot einige Zeit frisch und bekommt noch mehr Aroma.

Haselnußrolle

4 Eier	
3–4 EL heißes Wasser	mit einem Handrührgerät mit Rührbesen auf höchster Stufe in 1 Minute schaumig schlagen
125 g Zucker	mit
1 Pck. Vanillin-Zucker	mischen, in 1 Minute einstreuen, dann noch etwa 2 Minuten schlagen
75 g Weizenmehl	mit
50 g Speisestärke	
1 Msp. Backpulver	mischen, die Hälfte davon auf die Eiercreme sieben, kurz auf niedrigster Stufe unterrühren, den Rest des Mehl-Gemisches auf dieselbe Weise unterarbeiten, den Teig etwa 1 cm dick auf ein gefettetes, mit Pergamentpapier belegtes Backblech streichen, an der offenen Seite des Blechs das Papier unmittelbar vor dem Teig zur Falte knicken, so daß ein Rand entsteht, im vorgeheizten Backofen backen
Ober-/Unterhitze	200–220 °C (vorgeheizt)
Heißluft	180–200 °C (nicht vorgeheizt)
Gas	Stufe 3–4
Backzeit	10–15 Minuten den Biskuit nach dem Backen sofort auf ein mit Zucker bestreutes Papier stürzen, das Pergamentpapier mit kaltem Wasser bestreichen, vorsichtig, aber schnell abziehen, den Biskuit mit der Papierunterlage aufrollen, kalt stellen
375 ml (3/8 l) Schlagsahne	1/2 Minute schlagen
40 g Puderzucker	sieben, mit
2 Pck. Sahnesteif	
1 Pck. Vanillin-Zucker	mischen, einstreuen, die Sahne steif schlagen
1–2 Tropfen Bittermandel-Aroma	
100 g gem. Haselnußkerne	unterrühren die ausgekühlte Rolle vorsichtig auseinanderrollen, mit der Haselnußsahne (etwas zurücklassen) gleichmäßig bestreichen, aufrollen, die äußere braune Haut entfernen, die Rolle mit der restlichen Sahne bestreichen, mit
in Scheiben geschnittenen Haselnußkernen	bestreuen.
Tip:	Biskuit-Gebäck gelingt nur, wenn der Eierschnee wirklich steif ist. Das Eiweiß sorgfältig vom Eigelb trennen und das Eiweiß ohne Zucker zu festem Schnee schlagen.

Festliche Torten

Mokka-Sahne-Torte

2 Eier	
2–3 EL heißes Wasser*	mit einem Handrührgerät mit Rührbesen auf höchster Stufe in 1 Minute schaumig schlagen
100 g Zucker	mit
1 Pck. Vanillin-Zucker	mischen, in 1 Minute einstreuen, dann noch etwa 2 Minuten schlagen
75 g Weizenmehl	mit
50 g Speisestärke	
1 gestr. TL Backpulver	mischen, die Hälfte davon auf die Eiercreme sieben, kurz auf niedrigster Stufe unterrühren, den Rest des Mehl-Gemisches auf dieselbe Weise unterarbeiten den Teig in eine Springform (Ø 28 cm, Boden gefettet, mit Backpapier belegt) füllen, die Form auf dem Rost in den vorgeheizten Backofen schieben
Ober-/Unterhitze	180–200 °C
Heißluft	160–180 °C
Gas	Stufe 3–4
Backzeit	20–30 Minuten den Tortenboden aus der Form lösen, erkalten lassen
2 schwach geh. TL Instant-Kaffee	mit 2 Eßlöffel von
750 ml (3/4 l) Schlagsahne	auflösen, die übrige Sahne 1 Minute schlagen
75–100 g Puderzucker	sieben, mit
1 Pck. Vanillin-Zucker	
3 Pck. Sahnesteif	mischen, einstreuen, die Sahne steif schlagen, den aufgelösten Kaffee unterrühren den Tortenboden einmal durchschneiden, den unteren Boden mit 2/3 der Mokka-Sahne bestreichen, den oberen darauf legen, gut andrücken, Rand und obere Seite der Torte gleichmäßig mit etwas von der zurückgelassenen Sahne bestreichen, den Rand mit
Schokoladenstreuseln	bestreuen, die Torte mit der restlichen Sahne verzieren, mit
12 Mokkabohnen	garnieren.

* Bei großen Eiern die kleinere, bei kleinen Eiern die größere Wassermenge nehmen.

Quarkstollen, Rezept Seite 10

Gefüllter, aufgeschnittener Kranz, Rezept Seite 11

Hutzelbrot, Rezept Seite 12

Prinzregenten-Torte, Rezept Seite 30

Engelstraumtorte, Rezept Seite 35

Preiselbeer-Eierlikör-Torte, Rezept Seite 37

Mozart-Torte, Rezept Seite 38

Weihnachtlicher Zupfkuchen, Rezept Seite 40

Umgedrehte Apfeltorte

	Den Boden einer Springform (Ø etwa 28 cm) mit Alufolie bedecken.
30–50 g Butter	zerlassen, auf den Boden der Form geben
50 g Zucker	mit
1/2 gestr. TL gem. Zimt	mischen, gleichmäßig dünn so auf die Butter streuen, daß ein Rand von etwa 1 cm frei bleibt
750 g Äpfel	schälen, das Kerngehäuse mit einem Apfelbohrer ausstechen, sie in etwa 1/2 cm dicke Ringe schneiden, die Zimt-Zucker-Schicht dicht mit Apfelringen belegen (Rand frei lassen!)
50–60 g Walnußkerne	halbieren, die Lücken damit ausfüllen, die restlichen Apfelringe darüber verteilen
100 g Butter oder Margarine	mit Handrührgerät mit Rührbesen auf höchster Stufe in etwa 1/2 Minute geschmeidig rühren, nach und nach
150 g Zucker **1 Pck. Vanillin-Zucker**	unterrühren, so lange rühren, bis eine gebundene Masse entstanden ist
2 Eier **10 Tropfen Zitronen-Aroma** **1 Prise Salz**	nach und nach unterrühren (jedes Ei etwa 1/2 Minute)
125 g Weizenmehl	mit
75 g Speisestärke **2 gestr. TL Backpulver**	mischen, sieben, eßlöffelweise auf mittlerer Stufe unterrühren
	den Teig gleichmäßig auf die Äpfel streichen, die Form auf dem Rost in den Backofen schieben
Ober-/Unterhitze	180–200 °C (vorgeheizt)
Heißluft	160–180 °C (nicht vorgeheizt)
Gas	Stufe 3–4 (vorgeheizt)
Backzeit	40–50 Minuten
	die Torte mit einem Messer vorsichtig vom Springformrand lösen, auf einen Kuchenrost stürzen, die Folien abziehen, die Torte erkalten lassen.
	Für den Guß aus
1 Pck. Tortenguß, klar **50 g Zucker** **250 ml (1/4 l) Wasser**	nach der Vorschrift auf dem Päckchen einen Tortenguß zubereiten, gleichmäßig über die Äpfel verteilen, dazu den Springformrand um die Torte legen, schließen, nach Belieben die Torte mit
steifgeschlagener Schlagsahne	verzieren.

Orangenlikör-Torte

3 Eier	
3–4 EL heißes Wasser	mit einem Handrührgerät mit Rührbesen auf höchster Stufe in 1 Minute schaumig schlagen
125 g Zucker	mit
1 Pck. Vanillin-Zucker	mischen, in 1 Minute einstreuen, dann noch etwa 2 Minuten schlagen
75 g Weizenmehl	mit
75 g Speisestärke	
2 gestr. TL Backpulver	mischen, die Hälfte davon auf die Eiercreme sieben, kurz auf niedrigster Stufe unterrühren, den Rest des Mehl-Gemisches auf dieselbe Weise unterarbeiten, dabei nach und nach
75 g zerlassene, abgekühlte Butter	hinzufügen, die Hälfte des Teiges in eine Springform (Ø etwa 28 cm, Boden gefettet, mit Pergamentpapier belegt) füllen, sofort backen
Ober-/Unterhitze	180–200 °C (vorgeheizt)
Heißluft	160–180 °C (nicht vorgeheizt)
Gas	Stufe 3–4 (nicht vorgeheizt)
Backzeit	15–20 Minuten
	unter den restlichen Teig
1 gestr. EL Kakao	rühren, ihn wie den hellen Teig backen, die Tortenböden gut auskühlen lassen
1 Pck. gem. Gelatine, weiß	mit
4 EL kaltem Wasser	in einem kleinen Topf verrühren, 10 Minuten zum Quellen stehen lassen
375 ml (3/4 l) Milch	zum Kochen bringen
1 Pck. Pudding-Pulver Vanille-Geschmack	
75 g Zucker	mischen, mit
125 ml (1/8 l) Orangenlikör	anrühren, unter Rühren in die von der Kochstelle genommene Milch geben, kurz aufkochen lassen, die gequollene Gelatine (1/2 Teelöffel zurücklassen) in den noch heißen Pudding geben, so lange rühren, bis sie gelöst ist, den Pudding kalt stellen, ab und zu durchrühren
500 g Aprikosen (aus der Dose)	abtropfen lassen, einige Aprikosen in 16 Scheiben schneiden (zum Garnieren zurücklassen), die übrigen in kleine Stücke schneiden, auf dem dunklen Boden verteilen, die zurückgelassene Gelatine unter Rühren erwärmen, bis sie gelöst ist, die Aprikosenscheiben damit bestreichen
500 ml (1/2 l) Schlagsahne	steif schlagen, unter den erkalteten, aber noch nicht vollkommen fest gewordenen Pudding heben,

gut 4 Eßlöffel der Creme in einen Spritzbeutel mit Sterntülle füllen, gut die Hälfte der restlichen Creme auf die Aprikosen verteilen, den hellen Boden darauf legen, gut andrücken, Rand und obere Seite der Torte mit der restlichen Creme bestreichen, den Rand mit
75 g Krokant bestreuen, die obere Seite mit der Creme aus dem Spritzbeutel verzieren, mit Krokant und den Aprikosenscheiben garnieren.

Wiener Sandtorte

Von
6 Eiern 2 Teelöffel Eiweiß abnehmen, zugedeckt aufbewahren, die Eier mit einem Handrührgerät auf höchster Stufe mit
375 g Zucker (eßlöffelweise hinzufügen)
2 Pck. Vanillin-Zucker 1½–2 Minuten schlagen
2 EL Wasser hinzugeben
175 g Weizenmehl mit
175 g Speisestärke
1½ gestr. TL Backpulver mischen, sieben, eßlöffelweise unterrühren,
375 g zerlassene Butter heiß (aber nicht kochend) vorsichtig unterrühren,
eine gefettete Margareten-Form auf den Ring einer Springform setzen, den Teig einfüllen, die Form mit dem Ring auf dem Rost in die Mitte des Backofens schieben oder den Teig in eine gefettete Springform (Ø etwa 28 cm) füllen, die Form auf dem Rost in den Backofen schieben
Ober- und Unterhitze: 150–175 °C (vorgeheizt)
Heißluft 130–150 °C (nicht vorgeheizt)
Gas Stufe 2–3 (nicht vorgeheizt)
Backzeit 60–85 Minuten
die Torte auf einen Kuchenrost stürzen, etwas abkühlen lassen

3 geh. EL Aprikosen-Konfitüre durch ein Sieb streichen, mit
3 EL Apricot-Brandy
1 EL Wasser
1 TL Rum unter Rühren aufkochen lassen, die Sandtorte damit bestreichen.

Für den Guß
30 g Puderzucker sieben, mit den zurückgelassenen
2 TL Eiweiß
evtl. etwas Wasser verrühren, bis ein spritzfähiger Guß entstanden ist,
die Masse in ein Pergamentpapiertütchen füllen, von der Tüte eine Spitze abschneiden, die Torte mit dem Guß verzieren.

Ananas-Sahne-Torte

3 Eier	
3–4 EL heißes Wasser	mit einem Handrührgerät mit Rührbesen auf höchster Stufe in 1 Minute schaumig schlagen
125 g Zucker	mit
1 Pck. Vanillin-Zucker	mischen, in 1 Minute einstreuen, dann noch etwa 2 Minuten schlagen
125 g Weizenmehl	mit
1 gestr. EL Kakao	
1 gestr. TL Backpulver	mischen, auf die Eiercreme sieben
50 g abgezogene, gem., geröstete Mandeln	
100 g geriebene Schokolade	beide Zutaten auf das Mehl geben, alles kurz auf niedrigster Stufe unterrühren, den Teig in die gut gefettete Form füllen, sofort backen
Ober-/Unterhitze	180–200 (vorgeheizt)
Heißluft	–
Gas	Stufe 3–4 (nicht vorgeheizt)
Backzeit	20–30 Minuten
	den Tortenboden gut auskühlen lassen, einmal durchschneiden
75 g Zartbitter-Schokolade	in kleine Stücke brechen, mit
etwas Kokosfett	in einem kleinen Topf im Wasserbad bei schwacher Hitze zu einer geschmeidigen Masse verrühren, den oberen Boden gleichmäßig damit überziehen
2 TL gem. Gelatine, weiß	mit
3 EL kaltem Wasser	in einem kleinen Topf anrühren, 10 Minuten zum Quellen stehen lassen
10 Scheiben Ananas (aus der Dose, etwa 350 g)	abtropfen lassen, in kleine Stücke schneiden
300 g Ananas-Konfitüre	durch ein Sieb streichen, mit
3 EL Weinbrand	verrühren, die gequollene Gelatine unter Rühren erwärmen, bis sie gelöst ist, unter die Ananas-Konfitüre rühren
500 ml (1/2 l) Schlagsahne	steif schlagen, 1/4 davon zum Verzieren abnehmen, unter die übrige Sahne die Konfitüre rühren, kurze Zeit kalt stellen die Ananas-Stücke (einige zum Garnieren zurücklassen) auf den unteren Boden geben, die Ananas-Sahne darauf verteilen, den mit Schokolade bestrichenen Boden darauf legen, gut andrücken, den unteren Rand der Torte mit etwas von der zurückgelassenen Sahne bestreichen, mit
25 g abgezogenen, gem., gerösteten Mandeln	bestreuen die obere Seite der Torte mit der restlichen Sahne verzieren, mit
Liebesperlen	und Ananas-Stücken garnieren.

Apfel-Sahne-Torte

2 Eier	
2–3 EL heißes Wasser	mit Handrührgerät mit Rührbesen auf höchster Stufe in 1 Minute schaumig schlagen
100 g Zucker	mit
1 Pck. Vanillin-Zucker	mischen, in 1 Minute einstreuen, dann noch etwa 2 Minuten schlagen
75 g Weizenmehl	mit
50 g Speisestärke	
1 gestr. TL Backpulver	mischen, die Hälfte davon auf die Eiercreme sieben, kurz auf niedrigster Stufe unterrühren, den Rest des Mehl-Gemisches auf dieselbe Weise unterarbeiten, den Teig in eine Springform (Ø etwa 28 cm, Boden gefettet, mit Backpapier belegt) füllen, sofort backen
Ober-/Unterhitze	170–200 (vorgeheizt)
Heißluft	–
Gas	Stufe 3–4 (nicht vorgeheizt)
Backzeit	20–30 Minuten
	den Tortenboden gut auskühlen lassen.
1 Msp. Butter	
25 g Zucker	zerlassen, unter Rühren so lange erhitzen, bis der Zucker schwach gebräunt ist
50 g abgezogene, gehackte Mandeln	hinzufügen, unter Rühren erhitzen, bis der Krokant genug gebräunt ist, die Masse auf einer mit
Speiseöl	bestrichenen Platte erkalten lassen, in kleine Stücke zerstoßen
1½ kg Äpfel	schälen, vierteln, entkernen, in kleine Stücke schneiden, evtl. mit
etwas Wasser	
75–100 g Zucker	
1 Pck. Vanillin-Zucker	weich dünsten
1 Pck. gem. Gelatine, weiß	mit
3 EL kaltem Wasser	in einem kleinen Topf anrühren, 10 Minuten zum Quellen stehen lassen, die Apfelstückchen durch ein Sieb streichen, die Gelatine in das heiße Apfelmus geben, so lange rühren, bis sie gelöst ist, das Apfelmus kalt stellen
500 ml (½ l) Schlagsahne	½ Minute schlagen
25 g Puderzucker	sieben, mit
2 Pck. Sahnesteif	mischen, einstreuen, die Sahne steif schlagen, den Tortenboden einmal durchschneiden, den unteren Boden mit dem Apfelmus bestreichen, den oberen darauf legen, gut andrücken, Rand und obere Seite der Torte mit einem Teil der Schlagsahne bestreichen, den Rand mit Krokant bestreuen, die Torte mit der restlichen Schlagsahne verzieren.

Prinzregenten-Torte

(Foto Seite 20)

250 g weiche Margarine oder Butter	mit einem Handrührgerät mit Rührbesen auf höchster Stufe geschmeidig rühren, nach und nach
250 g Zucker	
1 Pck. Vanillin-Zucker	
Salz	unterrühren, so lange rühren, bis eine gebundene Masse entstanden ist
4 Eier	nach und nach unterrühren (jedes Ei etwa 1/2 Minute)
200 g Weizenmehl	mit
50 g Speisestärke	
1 gestr. TL Backpulver	mischen, sieben, eßlöffelweise auf mittlerer Stufe unterrühren, aus dem Teig 7– 8 Böden backen etwa 2 Eßlöffel des Teiges jeweils auf einen gefetteten Springformboden (Ø etwa 28 cm) streichen (darauf achten, daß die Teiglage am Rand nicht zu dünn ist, damit der Boden dort nicht zu dunkel wird), jeden Boden ohne Springformrand hellbraun backen
Ober-/Unterhitze	180–200 °C (vorgeheizt)
Heißluft	150–180 °C (nicht vorgeheizt)
Gas	Stufe 3–4 (vorgeheizt)
Backzeit	8–10 Minuten
	die Böden sofort nach dem Backen vom Springformboden lösen
1 Pck. Pudding-Pulver Schokolade	
100 g Zucker	
500 ml (1/2 l) kalter Milch	nach Anleitung auf dem Päckchen (aber mit 100 g Zucker) einen Pudding zubereiten, kalt stellen, ab und zu durchrühren
250 g Butter	geschmeidig rühren, den Pudding eßlöffelweise darunter geben (darauf achten, daß weder Butter noch Pudding zu kalt sind, da dann die sogenannte Gerinnung eintritt)
	die einzelnen Böden mit der Buttercreme bestreichen, zu einer Torte zusammensetzen, die oberste Schicht soll aus einem Boden bestehen
100 g Schokolade	in kleine Stücke brechen, mit
etwas Kokosfett	in einem kleinen Topf im Wasserbad bei schwacher Hitze zu einer geschmeidigen Masse verrühren, die Torte damit überziehen.
Veränderung:	Etwas von der Buttercreme in einen Spritzbeutel füllen, die Torte damit verzieren, mit Schokoladenplätzchen garnieren.

Trüffeltorte

4 Eier	
3–4 El heißes Wasser	mit einem Handrührgerät mit Rührbesen auf höchster Stufe in 1 Minute schaumig schlagen
175 g Zucker	mit
1 Pck. Vanillin-Zucker	mischen, in 1 Minute einstreuen, dann noch etwa 2 Minuten schlagen
100 g Weizenmehl	mit
100 g Speisestärke	
30 g Kakao	
3 gestr. TL Backpulver	mischen, die Hälfte auf die Eiercreme sieben, kurz auf niedrigster Stufe unterrühren, den Rest des Mehl-Gemisches auf dieselbe Weise unterarbeiten, den Teig in eine Springform (ø etwa 28 cm, Boden gefettet, mit Pergamentpapier belegt) füllen, die Form auf dem Rost in den vorgeheizten Backofen schieben
Ober-/Unterhitze	180–200 °C
Heißluft	–
Gas	Stufe 3–4
Backzeit	20–30 Minuten
	den Tortenboden gut auskühlen lassen
125 g Butter	geschmeidig rühren
150 g Puderzucker	mit
100 g Kakao	mischen, sieben, nach und nach abwechselnd mit
1 Ei	
1 Fläschchen Rum-Aroma	unterrühren, 16 Teelöffel davon abnehmen, jedesmal so viel, daß sich aus einem Teelöffel Masse eine kirschgroße Kugel formen läßt, die Masse kalt stellen, unter den Rest der Füllung
2 EL Wasser	
1 Pck. Vanillin-Zucker	rühren
	den Tortenboden zweimal durchschneiden, mit der Kakaomasse füllen
100 g Schokolade	in kleine Stücke brechen, mit
etwas Kokosfett	in einem kleinen Topf im Wasserbad bei schwacher Hitze zu einer geschmeidigen Masse verrühren, die Torte gleichmäßig damit überziehen den Rand und einen 2 cm breiten Rand auf der Torte mit
75 g Schokoladenstreuseln	bestreuen, aus der kalt gestellten Masse 16 Kugeln formen, in den restlichen Schokoladenstreuseln wälzen (in einem Kaffeesieb), kranzförmig auf die Torte legen.

Feine Schokoladentorte

150 g Margarine oder Butter	mit Handrührgerät mit Rührbesen auf höchster Stufe geschmeidig rühren, nach und nach
75 g Zucker	
1 Pck. Vanillin-Zucker	
150 g aufgelöste Zartbitter-Schokolade	unterrühren, so lange rühren, bis eine gebundene Masse entstanden ist
2 Eier	
4 Eigelb	nach und nach unterrühren (jedes Ei knapp 1/2 Minute)
150 g Weizenmehl	mit
15–25 g Kakao	
1 gestr. TL Backpulver	mischen, sieben, portionsweise auf mittlerer Stufe unterrühren
4 Eiweiß	steif schlagen, der Schnee muß so fest sein, daß ein Messerschnitt sichtbar bleibt
75 g Zucker	nach und nach unterschlagen, den Schnee vorsichtig unter den Teig heben, in eine Springform (Ø etwa 28 cm, Boden gefettet, mit Backpapier belegt) füllen, glattstreichen
Ober-/Unterhitze	etwa 180 °C (vorgeheizt)
Heißluft	etwa 160 °C (nicht vorgeheizt)
Gas	Stufe 2–3 (nicht vorgeheizt)
Backzeit	etwa 40 Minuten
	den Boden aus der Form lösen, auf einen Kuchenrost stürzen, auskühlen lassen, einmal durchschneiden den unteren Boden mit
2–3 EL Johannisbeergelee	bestreichen, mit dem oberen Boden bedecken, Rand und obere Seite der Torte gleichmäßig mit
2–3 EL Johannisbeergelee	bestreichen
100 g Zartbitter-Schokolade	in kleine Stücke brechen, mit
5 EL Schlagsahne	in einem kleinen Topf im Wasserbad bei schwacher Hitze zu einer geschmeidigen Masse verrühren, die Torte damit überziehen.
Back-Tip:	Um Tortenböden in gleichmäßig dicke Schichten zu teilen, den Rand vorher mit einem spitzen Messer ringsum etwa 1 cm tief einschneiden, dann einen Zwirnfaden in die Einschnitte legen, die Enden des Fadens über Kreuz legen und fest anziehen.

Zitronen-Schoko-Torte

300 g Weizenmehl	mit
2 gestr. Tl Backpulver	
10 g Kakao	mischen, in eine Rührschüssel sieben
175 g Zucker	
1 Pck. Vanillin-Zucker	
1 Ei	hineingeben, mit einem Teil des Mehls zu einem dicken Brei verarbeiten
175 g kalte Butter	in Stücke schneiden, auf den Teigbrei geben, mit
200 g gemahlenen Haselnußkernen	bedecken, von der Mitte aus alle Zutaten schnell zu einem glatten Teig verkneten, sollte er kleben, ihn eine Zeitlang kalt stellen, aus dem Teig 4 Böden herstellen, dazu jeweils 1/4 des Teiges auf einem kantenlosen, gefetteten Springformboden (Ø etwa 28 cm) ausrollen, jeden Boden ohne Springformrand im vorgeheizten Backofen backen
Ober-/Unterhitze	180–200 °C (vorgeheizt)
Heißluft	160–180 °C (nicht vorgeheizt)
Gas	Stufe 3–4 (vorgeheizt)
Backzeit	je Boden 10–15 Minuten sofort nach dem Backen die Böden vom Springformboden lösen, einen davon in 16 Stücke schneiden, erkalten lassen
50 g Schokolade	in kleine Stücke brechen, mit
10 g Kokosfett	in einem kleinen Topf im Wasserbad bei schwacher Hitze zu einer geschmeidgen Masse verrühren, die 16 Tortenstücke auf einer Seite gleichmäßig damit bestreichen
3 gestr. TL Gelatine, gem., weiß	mit
3 EL kaltem Wasser	in einem kleinen Topf anrühren, 10 Minuten zum Quellen stehen lassen
1 Zitrone (unbehandelt)	mit heißem Wasser abwaschen, abtrocknen, mit den Ecken von
5 Stück Würfelzucker	die Zitronenschale abreiben die gequollene Gelatine mit dem Würfelzucker unter Rühren erwärmen, bis alles gelöst ist
7 EL Zitronensaft	hinzufügen
750 ml (3/4 l) Schlagsahne	fast steif schlagen, die lauwarme Gelatinelösung hinzufügen, die Sahne vollkommen steif schlagen
150 g Puderzucker	sieben, vorsichtig unterheben, einen Teil der Sahne in einen Spritzbeutel füllen, einen der gebackenen Böden so einteilen, daß 16 Stücke von der Mitte aus zum Rand mit

Fortsetzung Seite 34

Sahnetütchen bespritzt werden können, die beiden übrigen Böden mit der restlichen Sahne bestreichen (nach Belieben bespritzen), aufeinandersetzen, mit dem verzierten Boden bedecken, die mit Guß bestrichenen Tortenstückchen jeweils an ein Sahnetütchen schräg gesteckt anlehnen, so daß eine fächerartige Garnier entsteht.

Orangen-Schichttorte

175 g Butter oder Margarine	mit Handrührgerät mit Rührbesen auf höchster Stufe geschmeidig rühren, nach und nach
175 g Zucker	
1 Pck. Vanillin-Zucker	unterrühren, so lange rühren, bis eine gebundene Masse entstanden ist
3 Eier	nach und nach unterrühren (jedes Ei etwa 1/2 Minute)
150 g Weizenmehl	mit
30 g Speisestärke	
1 gestr. TL Backpulver	mischen, sieben, eßlöffelweise auf mittlerer Stufe unterrühren, aus dem Teig 4 Böden backen, dazu jeweils 1/4 des Teiges auf einen gefetteten Springformboden (ø 28 cm) streichen, jeden Boden ohne Springformrand backen
Ober-/Unterhitze	170–200 °C (vorgeheizt)
Heißluft	160–180 °C (nicht vorgeheizt)
Gas	Stufe 3–4 (vorgeheizt)
Backzeit	für jeden Boden etwa 10 Minuten die Böden sofort nach dem Backen vom Rand des Springformbodens lösen, auf einem Kuchenrost erkalten lassen.
150 g Kuvertüre	nach Anleitung auflösen, die obere Seite der Böden damit bestreichen, einen der Böden sofort mit
geraspelter Kuvertüre	bestreuen, in 16 Stücke schneiden, den Guß gut trocknen lassen
2 Pck. Puddingpulver ohne Kochen Vanille-Geschmack	nach Anleitung auf dem Päckchen, aber mit
300 ml Orangensaft	
750 ml (1/4 l) flüssiger Schlagsahne	zubereiten, die Creme in einen Spritzbeutel mit Lochtülle füllen, 3 Böden mit der Creme bestreichen, mit dem geschnittenen Boden zu einer Torte zusammensetzen, nach Belieben mit
Orangenfilets	garnieren.

Engelstraumtorte

(Foto Seite 21)

200 g getrocknete Aprikosen	sehr fein würfeln, mit
100 g Rosinen	in
125 ml (1/8 l) Rotwein oder Orangensaft	– am besten über Nacht – einweichen.
200 g Butter oder Margarine	mit Handrührgerät mit Rührbesen auf höchster Stufe geschmeidig rühren, nach und nach
150 g Zucker **1 Pck. Vanillin-Zucker** **1 Fläschchen Butter-Vanille-Aroma** **1 Beutel Feine Orangenschale** **1 gestr. TL Zimt** **je knapp 1/2 gestr. TL gem. Nelken und gem. Kardamom**	unterrühren
6 Eier	nach und nach unterrühren (jedes Ei knapp 1/2 Minute)
75 g aufgelöste Halbbitter-Kuvertüre	unterrühren
250 g Weizenmehl **10 g Kakao** **1 Pck. Backpulver**	mischen, sieben, portionsweise auf mittlerer Stufe unterrühren, zuletzt
100 g gem. Walnußkerne	und die eingeweichten Früchte mit der Einweichflüssigkeit unterrühren, Teig in eine Springform (Ø 28 cm, Boden gefettet) füllen, glattstreichen.
Ober-/Unterhitze	180–200 °C (vorgeheizt)
Heißluft	160–180 °C (nicht vorgeheizt)
Gas	Stufe 3–4 (vorgeheizt)
Backzeit	etwa 50 Minuten. Boden aus der Form lösen, erkalten lassen, zweimal durchschneiden
2 geh. TL gem. Gelatine, weiß **4 EL kaltes Wasser**	nach Anleitung auf dem Päckchen quellen lassen und auflösen
750–800 ml Schlagsahne	mit
25 g Zucker **1 Pck. Vanillin-Zucker**	fast steif schlagen, lauwarme Gelatinelösung hinzufügen, Sahne vollkommen steif schlagen

Fortsetzung Seite 36

	Böden mit der Hälfte der Sahne zusammensetzen, von außen mit restlicher Sahne bestreichen
200 g Halbbitter-Kuvertüre	in Stücke schneiden, mit
30 g Kokosfett	in einem kleinen Topf im Wasserbad bei schwacher Hitze zu einer geschmeidigen Masse verrühren, auf Backpapier gießen oder auf eine Torten-Garnier-Platte gießen, fest werden lassen. Weihnachtliche Motive ausstechen oder „Locken" schaben. Torte kurz vor dem Servieren damit garnieren.
Tip:	Boden kann einige Tage vor dem Füllen gebacken werden. Bis dahin gut verpackt aufbewahren.

Eierlikörtorte

3 Eigelb	mit
3–4 EL warmem Wasser	schaumig schlagen, nach und nach 2/3 von
150 g Zucker	mit
1 Pck. Vanillin-Zucker	hinzugeben, so lange schlagen, bis eine cremeartige Masse entstanden ist
3 Eiweiß	steif schlagen, nach und nach den Rest des Zuckers unterschlagen, den Schnee auf die Eigelbcreme geben
100 g Weizenmehl	mit
100 g Speisestärke	
2 gestr. TL Backpulver	mischen, darüber sieben, unter die Eigelbcreme ziehen (nicht rühren), den Teig in eine Springform (Ø etwa 26 cm, Boden gefettet, mit Pergamentpapier ausgelegt) füllen, sofort backen
Ober-/Unterhitze	180–200 °C (vorgeheizt)
Gas	Stufe 3–4 (vorgeheizt)
Backzeit	20–30 Minuten
	den Tortenboden gut auskühlen lassen
500 ml (1/2 l) Schlagsahne	1/2 Minute schlagen
3 Pck. Sahnesteif	
2 TL Zucker	einstreuen, die Sahne steif schlagen,
4–5 EL Eierlikör	unterrühren, den Tortenboden einmal durchschneiden, den unteren Boden mit gut der Hälfte der Eierlikörsahne bestreichen, den oberen Boden darauf legen, gut andrücken, Rand und obere Seite mit der restlichen Sahne bestreichen, den Tortenrand mit
abgezogenen, gehobelten Mandeln	bestreuen, mit einem Eßlöffel in die obere Seite Verzierungen eindrücken.

Preiselbeer-Eierlikör-Torte

(Foto Seite 22)

3 Eier	mit
2 EL heißem Wasser	mit Handrührgerät mit Rührbesen auf höchster Stufe in 1 Minute schaumig schlagen
100 g Zucker	in einer Minute einstreuen, dann noch etwa 2 Minuten schlagen
100 g gemahlene Haselnußkerne	mit
100 g geriebener Blockschokolade	mischen, die Hälfte davon auf die Eiercreme geben, kurz auf niedrigster Stufe unterrühren, den Rest des Nuß-Schokoladen-Gemisches auf die gleiche Weise unterarbeiten, den Teig in eine gefettete, mit Pergamentpapier ausgelegte Springform (Ø etwa 28 cm) geben, die Form auf dem Rost in den Backofen schieben
Ober-/Unterhitze	180–200 °C (vorgeheizt)
Heißluft	–
Gas	Stufe 3–4 (vorgeheizt)
Backzeit	25–30 Minuten
	sofort nach dem Backen den Boden vom Springformboden lösen, das Backpapier mit kaltem Wasser bestreichen, vorsichtig, aber schnell abziehen, den Tortenboden erkalten lassen
	den Tortenboden mit
225 g Preiselbeeren (aus dem Glas)	bestreichen
375 ml (3/8 l) Schlagsahne	1/2 Minute schlagen
1 1/2 Pck. Sahnesteif	
2 TL Zucker	
etwas Vanillin-Zucker	einstreuen, die Sahne steif schlagen, 2/3 der Schlagsahne auf die Preiselbeeren streichen, die restliche Sahne in einen Spritzbeutel mit Sterntülle füllen, einen Rand auf die Tortenoberfläche spritzen, die Tortenmitte mit
4–5 EL Eierlikör	ausfüllen
	nach Belieben noch Eierlikör dazureichen.

Praliné-Torte

200 g Butter	geschmeidig rühren, nach und nach
200 g Zucker	
1 Pck. Vanillin-Zucker	
4 Eier	
1 Fl. Rum-Aroma	unterrühren
200 g Weizenmehl	mit
20 g Kakao	
2 gestr. TL. Backpulver	mischen, sieben, eßlöffelweise unterrühren, den Teig in eine gefettete Springform (Ø etwa 28 cm) füllen
Ober-/Unterhitze	180–200 °C (vorgeheizt)
Heißluft	160–180 °C (nicht vorgeheizt)
Gas	Stufe 2–3 (vorgeheizt)
Backzeit	etwa 40 Minuten den Tortenboden gut auskühlen lassen
300 ml Milch	
1 Pck. Cremetorten-Hilfe Vanille-Geschmack	
200 g Butter	nach Vorschrift auf der Packung zubereiten
2 EL Weinbrand	
oder Cognac	unterrühren
100 g Schokolade	in kleine Stücke brechen, in einem kleinen Topf im Wasserbad bei schwacher Hitze erwärmen, bis sie weich ist, gleichmäßig unter die Buttercreme rühren, den Tortenboden einmal durchschneiden, den unteren Boden darauf legen, leicht andrücken, Rand und obere Seite der Torte mit einem Teil der übrigen Creme bestreichen, den Rand mit
etwa 40 g grobgeriebener Schokolade	bestreuen, die Torte mit der restlichen Creme verzieren, mit
Pralinen	garnieren.

Mozart-Torte

(Foto Seite 23)

150 g Weizenmehl	in eine Rührschüssel sieben
40 g Zucker	
2 Pck. Vanillin-Zucker	
100 g weiche Butter	
oder Margarine	hinzufügen, alle Zutaten mit Handrührgerät mit Knethaken zunächst kurz auf niedrigster, dann auf höchster Stufe gut durcharbeiten, anschließend auf der Tischplatte zu einem glatten Teig verkneten, sollte er kleben, ihn eine Zeitlang

	kalt stellen, den Teig auf dem Boden einer Springform (Ø etwa 28 cm) ausrollen, mehrmals mit einer Gabel einstechen, den Springformrand darum legen, die Form auf dem Rost in den Backofen schieben
Ober-/Unterhitze	200–220 °C (vorgeheizt)
Heißluft	180–200 °C (nicht vorgeheizt)
Gas	Stufe 4–5 (vorgeheizt)
Backzeit	etwa 15 Minuten
	den gebackenen Tortenboden sofort vom Springformboden lösen, aber erst nach dem Erkalten auf eine Tortenplatte legen.
4 Eier, 2 EL heißes Wasser	mit Handrührgerät mit Rührbesen auf höchster Stufe in 1 Minute schaumig schlagen
100 g Zucker	
1 Pck. Vanillin-Zucker	in einer Minute einstreuen, dann noch etwa 2 Minuten schlagen
75 g Weizenmehl	mit
30 g Speisestärke	
10 g Kakao	
½ gestr. TL Backpulver	mischen, die Hälfte davon auf die Eiercreme sieben, kurz auf niedrigster Stufe unterrühren, den Rest des Mehl-Gemisches auf dieselbe Weise unterarbeiten, den Teig in eine Springform (Ø etwa 28 cm, Boden gefettet, mit Backpapier belegt) füllen, glattstreichen, die Form auf dem Rost in den Backofen schieben
Ober-/Unterhitze	180–200 °C (vorgeheizt)
Heißluft	–
Gas	Stufe 3–4 (vorgeheizt)
Backzeit	30–35 Minuten
	sofort nach dem Backen den Tortenboden aus der Form lösen, auf einen Kuchenrost stürzen, das Papier abziehen den erkalteten Tortenboden einmal waagerecht durchschneiden.
50 g Rosinen	in
3 EL Rum	einige Stunden einweichen
1 Pck. gem. Gelatine, weiß	mit
3 EL kaltem Wasser	in einem kleinen Topf anrühren, 10 Minuten zum Quellen stehen lassen, die gequollene Gelatine erwärmen, bis sie gelöst ist
750 ml (¾ l) Schlagsahne	fast steif schlagen, die Gelatine mit etwas von der Sahne verrühren, zu der übrigen Sahne geben, die Sahne vollkommen steifschlagen, die Sahne in 3 Teile teilen
75 g Nuß-Nougatmasse	in einem kleinen Topf im heißen Wasserbad geschmeidig rühren, unter einen Teil der Sahne rühren, die eingeweichten Rosinen abtropfen lassen, die Flüssigkeit mit

Fortsetzung Seite 40

20 g gesiebtem Puderzucker unter den zweiten Teil Sahne rühren, die Rosinen,

20 g gesiebten Puderzucker unter die restliche Sahne rühren, den Knetteigboden mit

2–3 EL Preiselbeeren (aus dem Glas) bestreichen, mit dem unteren Biskuitteigboden bedecken, etwas andrücken, mit der Nougatsahne bestreichen, mit dem oberen Biskuitboden bedecken, mit der Rosinensahne bestreichen, von der Rumsahne 2–3 Eßlöffel in einen Spritzbeutel mit Sterntülle füllen, mit der restlichen Rumsahne Rand und Tortenoberfläche bestreichen, den Tortenrand mit

Schokostreuseln bestreuen, die Tortenoberfläche mit der Sahne aus dem Spritzbeutel verzieren.

Weihnachtlicher Zupfkuchen

(Foto Seite 24)

375 g Weizenmehl
40 g Kakaopulver
3 gestrichene TL Backpulver mischen, in eine Rührschüssel sieben

200 g Zucker
1 Pck. Vanillin-Zucker
1 Ei
200 g Margarine oder Butter hinzufügen, mit Handrührgerät mit Knethaken zunächst kurz auf niedrigster, dann auf höchster Stufe gut durcharbeiten, anschließend auf der Arbeitsfläche zu einem glatten Teig verkneten, sollte er kleben, ihn eine Zeitlang kalt stellen, die Hälfte des Teiges auf einem gefetteten Springformboden (Ø 28 cm) ausrollen, Springformrand darumlegen, gut $^{2}/_{3}$ des restlichen Teiges knapp $^{1}/_{4}$ cm dick ausrollen, Sterne in verschiedenen Größen ausstechen, beiseite legen, aus dem restlichen Teig eine Rolle formen, als Rand auf den Tortenboden legen, so an die Form drücken, daß ein 2 cm hoher Rand entsteht.

500 g Magerquark
200 g Zucker
1 Pck. Vanillin-Zucker
3 Eier
1 Pck. Pudding-Pulver Vanille-Geschmack

Fortsetzung Seite 45

Rehrücken, Rezept Seite 49

Sandkuchen, Rezept Seite 50

Makronenkuchen, Rezept Seite 50

Rodonkuchen, Rezept Seite 51

250 g zerlassene, abgekühlte Margarine oder Butter mit Handrührgerät mit Rührbesen zu einer einheitlichen Masse verrühren, knapp die Hälfte davon auf den Teig streichen

1 Glas Wild-Preiselbeer-Dessert (Abtropfgewicht 175 g) gut abtropfen lassen, auf die Füllung verteilen, restliche Füllung daraufstreichen, Sterne auf der Oberfläche verteilen

Ober-/Unterhitze etwa 180 °C (vorgeheizt)
Heißluft etwa 160 °C (nicht vorgeheizt)
Gas Stufe 3–4 (vorgeheizt)
Backzeit 60–70 Minuten.

Streifentorte

350 g weiche Butter oder Margarine mit Handrührgerät mit Rührbesen auf höchster Stufe geschmeidig rühren, nach und nach

350 g Zucker
1 Pck. Vanillin-Zucker
1/2 Fläschchen Rum-Aroma unterrühren, so lange rühren, bis eine gebundene Masse entstanden ist

7 Eier nach und nach unterrühren (jedes Ei etwa 1/2 Minute)

175 g Weizenmehl mit
175 g Speisestärke
1 Msp. Backpulver mischen, sieben, eßlöffelweise auf mittlerer Stufe unterrühren, die Teigmenge für 12 Böden einteilen, jeweils auf einen gefetteten Boden einer Springform (Ø 28 cm) streichen, jeden Boden ohne Springformrand backen, bis er hellbraun ist

Ober-/Unterhitze 170–200 °C (vorgeheizt)
Heißluft 150–180 °C (nicht vorgeheizt)
Gas Stufe 3–4 (vorgeheizt)
Backzeit für jeden Boden etwa 8 Minuten
sofort nach dem Backen die Böden vom Springformboden lösen, erkalten lassen

500 g rotes Johannisbeer-Gelee durch ein Sieb streichen, die Böden damit bestreichen, zu einer Torte zusammensetzen, die oberste Schicht soll ein Boden sein, die Torte beschweren (am besten über Nacht), sie schmeckt am besten, wenn sie gut durchgezogen ist, die Torte kurz vor dem Verzehr in schmale Streifen schneiden.

Schokoladenwickeltorte

150 g Weizenmehl	in eine Rührschüssel sieben
30 g Zucker, 1 EL Wasser	
75 g Butter	hinzufügen, mit Handrührgerät mit Knethaken zunächst kurz auf niedrigster, dann auf höchster Stufe gut durcharbeiten, anschließend auf der bemehlten Arbeitsfläche zu einem glatten Teig verkneten und eine Zeitlang kalt stellen
5 Eier	mit Handrührgerät mit Rührbesen in 1 Minute schaumig schlagen
70 g Zucker	mit
1 Pck. Vanillin-Zucker	mischen, in 1 Minute einstreuen, dann noch etwa 2 Minuten schlagen
75 g Weizenmehl	
50 g Speisestärke	
1 gestr. TL Backpulver	mischen, die Hälfte davon auf die Eiercreme sieben und kurz auf niedrigster Stufe unterrühren, den Rest des Mehlgemisches auf dieselbe Weise unterarbeiten, den Teig auf ein mit Backpapier belegtes Backblech (38 x 28 cm) streichen, sofort backen
Ober-/Unterhitze	etwa 200 °C (vorgeheizt)
Gas	Stufe 3–4 (vorgeheizt)
Backzeit	12–15 Minuten
	den Biskuit sofort nach dem Backen auf ein mit Zucker bestreutes Geschirrtuch stürzen, das Backpapier mit kaltem Wasser bestreichen, vorsichtig, aber schnell, abziehen. Den Knetteig kurz duchkneten, auf einem Springformboden (Ø 26 cm, Boden gefettet) ausrollen und mehrmals mit einer Gabel einstechen, den Springformrand um die Form legen und die Form auf dem Rost in den Backofen schieben (Backofeneinstellung wie oben)
Backzeit	etwa 15 Minuten, den Boden von dem Springformboden lösen, erkalten lassen
500 ml (1/2 l) Schlagsahne	mit
2 Pck. Sahnesteif	steif schlagen
1 EL Kakaopulver	
1 EL Zucker	
2 EL Calvados	hinzugeben, unterrühren
	3/4 der Creme auf die Biskuitplatte streichen, die Platte von der kürzeren Seite in 4 1/2 cm breite Streifen schneiden, einen der Streifen wie eine Schnecke aufrollen, in die Mitte des Knetteigbodens stellen, die restlichen Streifen nacheinander um die Rolle legen, die Torte mit der restlichen Creme bestreichen
100 g weiße und dunkle Schokolade	schaben, Tortenoberfläche damit bestreuen, mit
Puderzucker	bestäuben, Torte bis zum Verzehr kühl stellen.

Klassisches und traditionelles Gebäck

Biskuitrolle

3 Eier	
5–6 EL heißes Wasser*	mit Handrührgerät mit Rührbesen auf höchster Stufe in 1 Minute schaumig schlagen
150 g Zucker	mit
1 Pck. Vanillin-Zucker	mischen, in 1 Minute einstreuen, dann noch etwa 2 Minuten schlagen
100 g Weizenmehl	mit
50 g Speisestärke	
1 gestr. TL Backpulver	mischen, die Hälfte davon auf die Eiercreme sieben, kurz auf niedrigster Stufe unterrühren, den Rest des Mehl-Gemisches auf die gleiche Weise unterarbeiten, den Teig etwa 1 cm dick auf ein gefettetes, mit Backpapier belegtes Backblech streichen, an der offenen Seite des Blechs das Papier unmittelbar vor dem Teig zur Falte knicken, so daß ein Rand entsteht, sofort backen
Ober-/Unterhitze	200–220 °C (vorgeheizt)
Heißluft	–
Gas	Stufe 3–4 (vorgeheizt)
Backzeit	10–15 Minuten
	den Biskuit sofort nach dem Backen auf ein mit
Zucker	bestreutes Geschirrtuch stürzen, das Backpapier mit kaltem Wasser bestreichen, vorsichtig, aber schnell abziehen, den Biskuit sofort gleichmäßig mit
250–375 g Konfitüre	bestreichen, von der kürzeren Seite her aufrollen, die Rolle mit
30 g Puderzucker	bestäuben.

* Bei großen Eiern die kleinere, bei kleinen Eiern die größere Wassermenge nehmen.

Rehrücken

(Foto Seite 41)

100 g Margarine oder Butter	mit Handrührgerät mit Rührbesen auf höchster Stufe geschmeidig rühren, nach und nach
150 g Zucker	
1 Pck. Vanillin-Zucker	
1 Prise Salz	unterrühren, so lange rühren, bis eine gebundene Masse entstanden ist
3 Eier	nach und nach unterrühren (jedes Ei etwa 1/2 Minute)
100 g geriebene Schokolade	unterrühren
50 g Weizenmehl	mit
1 Pck. Pudding-Pulver Schokolade	
2 gestr. TL Backpulver	mischen, sieben, abwechselnd portionsweise mit
2 EL Milch	auf mittlerer Stufe unterrühren (nur so viel Milch verwenden, daß der Teig schwer-reißend vom Löffel fällt), zuletzt
75 g abgezogene, gem. Mandeln	unter den Teig rühren, ihn in eine gefettete Rehrückenform (30 x 11 cm) füllen, glattstreichen
Ober-/Unterhitze	170–200 °C (vorgeheizt)
Heißluft	150–160 °C (nicht vorgeheizt)
Gas	Stufe 2–3 (nicht vorgeheizt)
Backzeit	50–60 Minuten
	den Kuchen 10 Minuten in der Form stehen lassen, stürzen, erkalten lassen.
	Für den Guß
100 g Zartbitter-Schokolade	in kleine Stücke brechen, mit
20 g Kokosfett	in einem kleinen Topf im Wasserbad bei schwacher Hitze zu einer geschmeidigen Masse verrühren, den erkalteten Kuchen damit überziehen, mit
40 g Mandelstiften	spicken.
Tip:	Noch saftiger schmeckt der Rehrücken, wenn er sofort nach dem Backen aprikotiert wird. Dafür
4–5 EL Aprikosen-Konfitüre	durch ein Sieb streichen, mit
1 EL Wasser	unter Rühren etwas einkochen lassen. Gebäck sofort bestreichen, erkalten lassen, erst dann mit Guß überziehen.

Sandkuchen

(Foto Seite 42)

250 g Butter	zerlassen, in eine Rührschüssel geben, kalt stellen, das wieder festgewordene Fett mit Handrührgerät mit Rührbesen auf höchster Stufe zu einer weißcremigen Masse rühren, nach und nach
200 g Zucker	
1 Pck. Vanillin-Zucker	
1 Prise Salz, einige Tropfen Zitronen-Aroma	unterrühren, so lange rühren, bis eine gebundene Masse entstanden ist
4 Eier	nach und nach unterrühren (jedes Ei etwa 1/2 Minute)
125 g Weizenmehl	mit
125 g Speisestärke	
1/2 gestr. TL Backpulver	mischen, sieben, portionsweise auf mittlerer Stufe unterrühren, den Teig in eine gefettete, mit Backpapier ausgelegte Kastenform (30 x 11 cm) füllen
Ober-/Unterhitze	160–180 °C (vorgeheizt)
Heißluft	etwa 150 °C (nicht vorgeheizt)
Gas	Stufe 2–3 (nicht vorgeheizt)
Backzeit	65–75 Minuten
	den Kuchen aus der Form nehmen, erkalten lassen
100 g Schokolade	in kleine Stücke brechen, mit
25 g Kokosfett	in einem kleinen Topf im Wasserbad bei schwacher Hitze zu einer geschmeidigen Masse verrühren, den erkalteten Kuchen damit überziehen.

Makronenkuchen

(Foto Seite 43)

200 g weiche Margarine oder Butter	mit Handrührgerät mit Rührbesen auf höchster Stufe in etwa 1/2 Minute geschmeidig rühren, nach und nach
175 g Zucker	
1 Pck. Vanillin-Zucker	unterrühren, so lange rühren, bis eine gebundene Masse entstanden ist
2 Eier, 2 Eigelb, Salz	nach und nach unterrühren
200 g Weizenmehl	mit
50 g Speisestärke	
1 gestr. TL Backpulver	mischen, sieben, eßlöffelweise auf mittlerer Stufe unterrühren, den Teig in eine gefettete, mit Pergamentpapier ausgelegte Kastenform füllen, in die Mitte des Teiges der Länge nach mit einem Löffel eine Vertiefung, etwa 4 cm tief und 4 cm breit, eindrücken

2 Eiweiß	steif schlagen, es muß so fest sein, daß ein Messerschnitt sichtbar bleibt, nach und nach
100 g Zucker	
3 Tropfen Bittermandel-Aroma	unterschlagen
175 g gem. Mandeln (nicht abgezogen)	vorsichtig unter den Eierschnee heben, die Masse in die Teigvertiefung füllen, die Form auf dem Rost in den vorgeheizten Backofen schieben
Ober-/Unterhitze	150–180 °C
Heißluft	130–150 °C
Gas	Stufe 2–3
Backzeit	60–80 Minuten.

Rodonkuchen

(Foto Seite 44)

250 g Butter	mit einem Handrührgerät mit Rührbesen auf höchster Stufe in etwa 1/2 Minute geschmeidig rühren, nach und nach
200 g Zucker	
1 Pck. Vanillin-Zucker	
Salz	unterrühren, so lange rühren, bis eine gebundene Masse entstanden ist
5 Eier	nach und nach unterrühren (jedes Ei etwa 1/2 Minute)
500 g Weizenmehl	mit
4 gestr. TL Backpulver	mischen, sieben, abwechselnd eßlöffelweise mit
3 EL Milch	auf mittlerer Stufe unterrühren (nur so viel Milch verwenden, daß der Teig schwerreißend von einem Löffel fällt)
150 g Korinthen	
150 g Rosinen	vorsichtig unter den Teig heben, ihn in eine gefettete Napfkuchenform (Durchmesser etwa 24 cm) füllen
Ober-/Unterhitze	170–200 °C (vorgeheizt)
Heißluft	160–170 °C (nicht vorgeheizt)
Gas	Stufe 2–3 (nicht vorgeheizt)
Backzeit	50–60 Minuten.
	Für den Guß (nach Belieben)
200 g Puderzucker	mit
30 g Kakao	mischen, sieben, mit
etwa 3 EL heißem Wasser	glattrühren, so daß eine dickflüssige Masse entsteht
25 g Kokosfett	zerlassen, unterrühren
	den erkalteten Kuchen mit dem Guß überziehen.

Florentiner Törtchen

150 g Weizenmehl	
50 g Zucker	
1 Pck. Vanillin-Zucker	
1 Ei	
75 g weicher Butter	die Zutaten mit Handrührgerät mit Knethaken zunächst kurz auf niedrigster, dann auf höchster Stufe gut durcharbeiten, anschließend auf der Arbeitsfläche zu einem glatten Teig verkneten, sollte er kleben, ihn eine Zeitlang kalt stellen,
	den Teig etwa 3 mm dick ausrollen, runde Plätzchen (Ø etwa 8 cm) ausstechen, auf ein gut gefettetes Backblech legen, im Backofen hellgelb vorbacken
Ober-/Unterhitze	200–225° °C (vorgeheizt)
Heißluft	etwa 170 °C (nicht vorgeheizt)
Gas	Stufe 3–4 (nicht vorgeheizt)
Backzeit	5–7 Minuten.
	Für den Belag
50 g Butter	mit
100 g Zucker	
1 Pck. Vanillin-Zucker	
2 EL Honig	unter Rühren karamelisieren lassen
125 ml (1/8 l) Sahne	hinzufügen, rühren, bis sich die Karamelmasse gelöst hat
100 g abgezogene, gehobelte Mandeln	
100 g in Scheiben geschnittene Haselnußkerne	
25 g in Stücke geschnittene Belegkirschen	dazugeben, so lange unter Rühren erhitzen bis die Masse gebunden ist
5 Tropfen Rum-Aroma	unterrühren
	die Masse mit 2 Teelöffeln auf die vorgebackenen Plätzchen verteilen, in den Backofen schieben
Ober-/Unterhitze	200–225 °C (vorgeheizt)
Heißluft	etwa 170 °C (nicht vorgeheizt)
Gas	Stufe 3–4 (nicht vorgeheizt)
Backzeit	10–12 Minuten
75 g dunkle Kuvertüre	in einem kleinen Topf im Wasserbad bei schwacher Hitze zu einer geschmeidigen Masse verrühren, die erkalteten Törtchen auf der Unterseite damit bestreichen.

Elisenlebkuchen

(Foto Seite 62)

2 Eier	mit einem Handrührgerät mit Rührbesen auf höchster Stufe etwa 1 Minute schaumig schlagen,
200 g Zucker	
1 Pck. Vanillin-Zucker	hinzugeben, so lange schlagen, bis eine cremeartige Masse entstanden ist
1 Msp. gemahlene Nelken	
1/2 Fläschchen Rum-Aroma	
1–2 Tropfen Zitronen-Aroma	
50 g feingewürfeltes Orangeat oder Zitronat (Sukkade)	
125 g gem. Mandeln	
1 Msp. Backpulver	unterrühren, von
75–125 g gem. Haselnußkerne*	nur so viel unterrühren, daß der Teig noch streichfähig ist auf jede Oblate von
etwa 40 Oblaten (Ø etwa 6 cm)	einen gehäuften Teelöffel des Teiges geben, mit einem in Wasser getauchten Messer bergartig auf die Oblate streichen, auf ein Backblech legen, in den vorgeheizten Backofen schieben
Ober-/Unterhitze:	170–175 °C
Heißluft:	150–155 °C
Gas:	Stufe 1–2
Backzeit:	25–30 Minuten.
	Für den hellen Guß
150 g gesiebten Puderzucker	mit
1–2 EL heißem Wasser oder Zitronensaft	zu einer streichfähigen Masse verrühren.
	Für den dunklen Guß
75 g Schokolade	in kleine Stücke brechen
10 g Kokosfett	in einem kleinen Topf im Wasserbad bei schwacher Hitze zu einer geschmeidigen Masse verrühren die Hälfte der Lebkuchen gleich nach dem Backen mit hellem, den Rest mit dunklem Guß bestreichen.

* die erforderliche Menge Haselnußkerne hängt von der Größe der Eier ab.

Festtagsherz

75 g Butter	
oder Margarine	geschmeidig rühren, nach und nach
100 g Zucker	
1 Pck. Vanillin-Zucker	
2 Eier	
Salz	unterrühren
125 g Weizenmehl	mit
3 gestr. EL Speisestärke	
1 gestr. TL Backpulver	mischen, sieben, eßlöffelweise unterrühren
	den Teig in eine gefettete Herzform füllen
Ober-/Unterhitze	175–200 °C (vorgeheizt)
Heißluft	155–180 °C
Gas	Stufe 3–4 (nicht vorgeheizt)
Backzeit	etwa 30 Minuten
	das Gebäck aus der Form stürzen, erkalten lassen, zweimal durchschneiden.
	Für den Guß
100 g Schokolade	in kleine Stücke brechen, mit
etwas Kokosfett	in einem kleinen Topf im Wasserbad bei schwacher Hitze zu einer geschmeidigen Masse verrühren, den oberen Boden damit bestreichen
50 g Marzipan-Rohmasse	mit
30 g gesiebten	
Puderzucker	verkneten, ausrollen, in der Größe des Herzens ausschneiden, den mittleren Herzboden mit
1 EL Johannisbeer-	
Konfitüre	bestreichen, die Marzipanplatte darauf legen, etwas andrücken.
	Für die Füllung aus
1 Pck. Vanille-Dessert,	
z.B. Galetta	
375 ml (3/8 l)	
kalter Milch	eine Creme nach Vorschrift, aber nur mit 375 ml Milch zubereiten
150 g Butter	
oder Margarine	geschmeidig rühren, die Creme nach und nach eßlöffelweise unterrühren, 2 Eßlöffel von der Creme in einen Spritzbeutel mit gezackter Tülle füllen

	den unteren Boden mit gut 1/3 der Creme bestreichen, den mittleren darauf legen, ebenfalls bestreichen, mit der restlichen Creme den Herz-Rand bestreichen, den mit Guß bestrichenen Boden auf den mittleren Boden legen den hellen Herz-Rand mit
geraspelter Schokolade	bestreuen
	die Herzoberfläche mit der Creme aus dem Spritzbeutel verzieren, mit geraspelter Schokolade,
Zuckerblumen	garnieren.

Festtagskranz

250 g weiche Butter oder Margarine	mit einem Handrührgerät mit Rührbesen auf höchster Stufe geschmeidig rühren, nach und nach
250 g Zucker	
5 Eier	
Salz	
3 Tropfen Bittermandel-Aroma	
4 Tropfen Zitronen-Aroma	unterrühren
300 g Weizenmehl	mit
50 g Speisestärke	
3 gestr. TL Backpulver	mischen, sieben, eßlöffelweise auf mittlerer Stufe unterrühren
200 g abgezogene, gemahlene Mandeln	zuletzt unter den Teig heben, in die gefettete Zopf-Kranzform füllen
Ober-/Unterhitze	180–200 °C (vorgeheizt)
Heißluft	160–180 °C (nicht vorgheizt)
Gas	Stufe 2–3 (nicht vorgeheizt)
Backzeit	50–60 Minuten.
	Zum Verzieren (nach Belieben)
gesiebten Puderzucker	mit so viel
Eiweiß	verrühren, bis ein spritzfähiger Guß entstanden ist, die Masse in ein Pergamentpapiertütchen füllen, von der Tüte eine Spitze abschneiden, den erkalteten Kuchen damit verzieren, mit
Liebesperlen	garnieren.

Zarter Baumkuchen

(Foto Seite 61)

175 g Butter oder Margarine	
150 g Zucker	
4 Eigelb	mit einem Handrührgerät mit Rührbesen auf höchster Stufe in etwa $\frac{1}{2}$ Minute geschmeidig rühren, nach und nach
4 EL frisch gepreßten Orangensaft	
abgeriebene Schale von 1 Orange (unbehandelt)	
Mark von 1 Vanilleschote	unterrühren, so lange rühren, bis eine gebundene Masse entstanden ist
5 Eier	sehr schaumig schlagen
4 Eiweiß	auf höchster Stufe steif schlagen, es muß so fest sein, daß ein Messerschnitt sichtbar bleibt, die Eierschaum-Masse in die Butter-Eigelb-Masse geben, den Eischnee darauf füllen
100 g Weizenmehl	mit
85 g Speisestärke	
4 gestr. TL Backpulver	mischen, darüber sieben, alles vorsichtig unterrühren den gefetteten Boden einer Kastenform (35 x 11 cm) mit Backpapier auslegen, einen gut gehäuften Eßlöffel Teig gleichmäßig mit einem Pinsel darauf streichen, die Form auf dem Rost in den Backofen schieben (Abstand zwischen Grill und Teigschicht etwa 20 cm) die Teigschicht unter dem vorgeheiztem Grill hellbraun backen
Grillzeit	
Ober-/Unterhitze	1–1$\frac{1}{2}$ Minuten
Gas	1–1$\frac{1}{2}$Minuten als zweite Schicht wieder 1–2 Eßlöffel Teig auf die gebackene Schicht streichen, die Form wieder unter dem Grill schieben, auf diese Weise den ganzen Teig verarbeiten (die Einschubhöhe nach Möglichkeit so verändern, daß der Abstand von etwa 20 cm zwischen Grill und Teigschicht bestehen bleibt), den fertigen Kuchen mit einem Messer vorsichtig vom Rand der Form lösen, auf ein Backblech stürzen, das Papier abziehen, sofort noch etwa 5 Minuten in den heißen Backofen schieben
30 g Kokosfett	zerlassen
1 geh. TL Kakao	unterrühren, den erkalteten Kuchen dünn damit bestreichen, nach Belieben mit
Puderzucker	bestreuen.

Kaiserkuchen

250 g Weizenmehl	mit
1 gestr. TL Backpulver	mischen, in eine Rührschüssel sieben
75 g Zucker	
1 Pck. Vanillin-Zucker	
2 EL Milch oder Wasser	
125 g weiche Butter oder Margarine	hinzufügen
	die Zutaten mit einem Handrührgerät mit Knethaken zunächst kurz auf niedrigster, dann auf höchster Stufe gut durcharbeiten, anschließend auf der Arbeitsfläche zu einem glatten Teig verkneten, sollte er kleben, ihn eine Zeitlang kalt stellen
	gut $^{1}/_{3}$ des Teiges auf dem Boden einer gefetteten Springform (Ø etwa 28 cm) ausrollen, aus gut der Hälfte des restlichen Teiges eine Platte in der Größe der Springform ausrollen, daraus 16–20 gleichmäßig breite Streifen rädern, aus dem Rest des Teiges eine Rolle formen, sie als Rand auf den Boden legen, so an die Form drücken, daß ein gut 3 cm hoher Rand entsteht
	für den Biskuitteig
6 Eier	mit einem Handrührgerät mit Rührbesen auf höchster Stufe in 1 Minute schaumig schlagen
200 g Zucker	mit
1 Pck. Vanillin-Zucker	mischen, in 1 Minute einstreuen, dann noch etwa 2 Minuten schlagen
1 Fläschchen Arrak- oder Rum-Aroma	unterrühren
250 g Weizenmehl	mit
1 gestr. TL Backpulver	mischen, die Hälfte davon auf die Eiercreme sieben, kurz auf niedrigster Stufe unterrühren, den Rest des Mehl-Gemisches auf dieselbe Weise unterarbeiten, zuletzt
100 g abgezogene, gehackte Mandeln	
150–200 g Rosinen	
100 g gewürfeltes Zitronat (Sukkade)	unterheben, dabei nach und nach
125 g zerlassene, abgekühlte Butter	unterziehen, in die mit Knetteig ausgelegte Springform füllen, glattstreichen, die Teigstreifen gitterförmig darauf legen
Ober-/Unterhitze	175–200 °C (vorgeheizt)
Heißluft	–
Gas	Stufe 2–3 (nicht vorgeheizt)
Backzeit	65–80 Minuten.

Königskuchen

250 g Butter	mit einem Handrührgerät mit Rührbesen auf höchster Stufe in etwa 1/2 Minute geschmeidig rühren, nach und nach
200 g Zucker	
1 Pck. Vanillin-Zucker	
5 Eier, Salz	
1 Fläschch. Rum-Aroma	unterrühren
500 g Weizenmehl	mit
4 gestr. TL Backpulver	mischen, sieben, abwechselnd eßlöffelweise mit
knapp 125 ml (1/8 l) Milch	auf mittlerer Stufe unterrühren (nur so viel Milch verwenden, daß der Teig schwer-reißend von einem Löffel fällt)
150 g Korinthen	
250 g Rosinen	
125 g feingewürfeltes Zitronat (Sukkade)	vorsichtig auf mittlerer Stufe unter den Teig rühren, ihn in eine gefettete, mit Papier ausgelegte Kastenform (35 x 11 cm) füllen, die Form auf dem Rost in den Backofen schieben
Ober-/Unterhitze	180–200 °C (vorgeheizt)
Heißluft	160–180 °C (nicht vorgeheizt)
Gas	Stufe 2–3 (nicht vorgeheizt)
Backzeit:	80–100 Minuten.

Zimtkuchen

(Foto Seite 62)

250 g Butter oder Margarine	geschmeidig rühren, nach und nach
250 g Zucker	
1 Pck. Vanillin-Zucker	
4 Eier, 4 Tropfen Zitronen-Aroma	
1 geh. TL gem. Zimt	unterrühren
250 g Weizenmehl	mit
3 gestr. TL Backpulver	mischen, sieben, eßlöffelweise unterrühren
125 g Korinthen	
125 g Rosinen	
125 g abgezogene, gem. Mandeln	unter den Teig heben, ihn in eine gefettete Napfkuchenform (Ø 22 cm) füllen
Ober-/Unterhitze	etwa 170 °C(vorgeheizt)
Heißluft	etwa 150 °C (nicht vorgeheizt)
Gas	Stufe 2–3 (nicht vorgeheizt)
Backzeit	70–80 Minuten.

Orangenkuchen

(Foto Seite 63)

375 g Butter oder Margarine	mit einem Handrührgerät mit Rührbesen auf höchster Stufe in etwa 1/2 Minute geschmeidig rühren, nach und nach
300 g Zucker 2 Pck. Vanillin-Zucker 6 Eier abgeriebene Schale von 1 großen Orange (unbehandelt) 1 EL Orangensaft	unterrühren
250 g Weizenmehl	mit
125 g Speisestärke 2 gestr. TL Backpulver	mischen, sieben, unterrühren, zuletzt
75 g abgezogene, gem. Mandeln	unterheben den Teig in eine gefettete Napfkuchenform (Ø etwa 22 cm) füllen
Ober-/Unterhitze	180–200 °C (vorgeheizt)
Heißluft	160–180 °C (nicht vorgeheizt)
Gas	Stufe 3–4 (nicht vorgeheizt)
Backzeit	etwa 1 Stunde
200 g gesiebten Puderzucker	mit
3 EL Orangensaft	zu einer dickflüssigen Masse verrühren, den erkalteten Kuchen damit überziehen.

Mandelsplitterkuchen

200 g Butter	mit einem Handrührgerät mit Rührbesen auf höchster Stufe geschmeidig rühren, nach und nach
200 g Zucker 1 Pck. Vanillin-Zucker abgeriebene Schale und Saft von 1/2 Zitrone (unbehandelt) 1-2 EL Rum Salz, 4 Eier	unterrühren
200 g Weizenmehl	mit
1 1/2 gestr. TL Backpulver	mischen, sieben eßlöffelweise auf mittlerer Stufe unterrühren, den Teig in eine gut gefettete, mit einem Teil von

Fortsetzung Seite 60

80 g Mandelsplittern	ausgestreute Kastenform füllen, mit den restlichen Mandelsplittern bestreuen
Ober-/Unterhitze	180–200 °C (vorgeheizt)
Heißluft	160–180 °C (nicht vorgeheizt)
Gas	Stufe 3–4 (vorgeheizt)
Backzeit	etwa 50 Minuten.

Omas Nußkuchen

150 g Haselnußkerne	mahlen, auf einem Backblech im Backofen leicht rösten
100 g Haselnußkerne	fein hacken
250 g Margarine oder Butter	mit einem Handrührgerät mit Rührbesen auf höchster Stufe in etwa 1/2 Minute geschmeidig rühren, nach und nach
175 g Zucker	
1 Pck. Vanillin-Zucker	
Salz	unterrühren, so lange rühren, bis eine gebundene Masse entstanden ist
4 Eier	nach und nach unterrühren (jedes Ei etwa 1/2 Minute)
200 g Weizenmehl	mit
1 gestr. TL Backpulver	mischen, sieben, eßlöffelweise auf mittlerer Stufe unterrühren
100 g kleingeschnittene Zartbitter-Schokolade	und alle Haselnußkerne unter den Teig heben, den Teig in eine gefettete, mit Pergamentpapier ausgelegte Kastenform (30 x 11 cm) füllen
Ober-/Unterhitze	170–200 °C (vorgeheizt)
Heißluft	160–170 °C (nicht vorgeheizt)
Gas	Stufe 2–3 (nicht vorgeheizt)
Backzeit	60–70 Minuten
	den Kuchen sofort nach dem Backen mehrmals mit einem Holzstäbchen einstechen, ihn von allen Seiten mit
5 EL Rum	bestreichen.
	Zum Aprikotieren
4 EL Aprikosen-Konfitüre	durch ein Sieb streichen, mit
3 EL Wasser	verrühren, einmal aufkochen lassen, den Kuchen damit bestreichen, gut auskühlen lassen.
	Für den Guß
100 g Schokolade	in kleine Stücke brechen, mit
25 g Kokosfett	in einem kleinen Topf im Wasserbad bei schwacher Hitze zu einer geschmeidigen Masse verrühren, den erkalteten Kuchen damit bestreichen.

Zarter Baumkuchen, Rezept Seite 56

Zimtkuchen, Rezept Seite 58; Elisenlebkuchen, Rezept Seite 53

Orangenkuchen, Rezept Seite 59

Ananas-Marzipan-Kuchen, Rezept Seite 70

Juliane-Kuchen, Rezept Seite 71

Rosenkuchen mit Quarkfüllung, Rezept Seite 72

Gewürzstern, Rezept Seite 74

Mohn-Apfel-Kuchen, Rezept Seite 76

Nuß- oder Mandelkranz

150 g Speisequark	
6 EL Milch	
6 EL Speiseöl	
75 g Zucker	
1 Pck. Vanillin-Zucker	
Salz	mit einem Handrührgerät mit Rührbesen auf höchster Stufe verrühren
300 g Weizenmehl	mit
1 Pck. Backpulver	mischen, sieben, die Hälfte davon auf mittlerer Stufe unter den Quark rühren, anschließend auf der Arbeitsfläche den Rest des Mehls unterkneten, den Teig zu einem Rechteck von etwa 35 x 45 cm ausrollen
200 g gemahlene Haselnußkerne oder 200 g gemahlene Mandeln	mit
100 g Zucker	
4–5 Tropfen Bittermandel-Aroma	
1 Eiweiß	
1/2 Eigelb	
3–4 EL Wasser	mit einem Handrührgerät mit Rührbesen verrühren, so daß eine geschmeidige Masse entsteht, mit einem Teigschaber auf die Teigplatte streichen, von der längeren Seite her aufrollen, als Kranz auf ein gefettetes Backblech legen
1/2 Eigelb	
1 EL Milch	verschlagen, den Kranz damit bestreichen, etwa 1/2 cm tief sternförmig einschneiden
Ober-/Unterhitze	180–200 °C (vorgeheizt)
Heißluft	160–180 °C (nicht vorgeheizt)
Gas	Stufe 3–4 (vorgeheizt)
Backzeit	30–40 Minuten.
Back-Tip:	Wenn Quark-Ölteig zu weich wird, liegt es daran, daß der Quark zu feucht ist. Der im Handel angebotene Quark hat eine unterschiedliche Feuchtigkeit. Deshalb sollte der Quark vor der Teigzubereitung einige Zeit auf einem Sieb abtropfen oder in einem Mulltuch ausgepreßt werden, damit er möglichst trocken wird. Auf keinen Fall sollte noch Mehl in den Teig gegeben werden, da das Gebäck dann nicht genügend aufgeht. Quark-Ölteig-Gebäcke sollten nicht zu lange backen, weil sie dadurch trocken werden. Wie auch Hefeteig-Gebäcke schmecken sie frisch am besten.

Marzipankuchen

200 g Marzipan-Rohmasse	geschmeidig rühren
200 g Butter	hinzufügen, geschmeidig rühren, nach und nach
100 g Zucker	
1 Pck. Vanillin-Zucker	
4 Eier	
2 Tropfen Bittermandel-Aroma	unterrühren
250 g Weizenmehl	mit
75 g Speisestärke	
1 gestr. TL Backpulver	mischen, sieben, eßlöffelweise unterrühren den Teig in eine gefettete, mit Pergamentpapier ausgelegte Kastenform (30 x 11 cm) füllen
Ober-/Unterhitze	150–175 °C (vorgeheizt)
Heißluft	130–155 °C (nicht vorgeheizt)
Gas	Stufe 2–3 (nicht vorgeheizt)
Backzeit	etwa 65 Minuten
100 g zartbittere Schokolade	in kleine Stücke brechen, mit
etwas Kokosfett	in einem kleinen Topf im Wasserbad bei schwacher Hitze zu einer geschmeidgen Masse verrühren den erkalteten Kuchen mit dem Guß überziehen.

Ananas-Marzipan-Kuchen

(Foto Seite 64)

200 g Marzipan-Rohmasse	mit Handrührgerät mit Rührbesen gut verrühren
175 g weiche Butter	hinzufügen, alles zu einer geschmeidigen Masse verrühren, nach und nach
175 g Zucker	
1 Päckchen Vanillin-Zucker	
1 Prise Salz	unterrühren, so lange rühren, bis eine gebundene Masse entstanden ist
3 Eier	nach und nach unterrühren (jedes Ei etwa 1/2 Minute)
300 g Weizenmehl	mit
2 gestr. TL Backpulver	mischen, sieben, eßlöffelweise auf mittlerer Stufe unterrühren
3 Ananasscheiben (etwa 200 g, aus der Dose)	gut abtropfen lassen, in kleine Stücke schneiden, vorsichtig auf mittlerer Stufe unter den Teig rühren, ihn in eine

	gefettete, mit Papier ausgelegte Kastenform (30 x 11 cm) füllen, die Form auf dem Rost in den Backofen schieben
Ober-/Unterhitze	180–200 °C (vorgeheizt)
Heißluft	160–180 °C (nicht vorgeheizt)
Gas	Stufe 3–4 (vorgeheizt)
Backzeit	60–70 Minuten
100 g Zartbitter-Schokolade	in kleine Stücke brechen, mit
etwas Kokosfett	in einem kleinen Topf im Wasserbad bei schwacher Hitze zu einer geschmeidgen Masse verrühren, den erkalteten Kuchen damit überziehen, nach Belieben mit
Ananasstücken	garnieren.

Juliane-Kuchen

(Foto Seite 65)

350 g Butter oder Margarine	mit Handrührgerät mit Rührbesen auf höchster Stufe in etwa 1/2 Minute geschmeidig rühren, nach und nach
300 g Zucker	
1 Pck. Vanillin-Zucker	unterrühren, so lange rühren, bis eine gebundene Masse entstanden ist
4 Eier	
2 EL Wasser	nach und nach unterrühren (jedes Ei etwa 1/2 Minute)
175 g Weizenmehl	mit
2 gestr. TL Backpulver	mischen, sieben, eßlöffelweise auf mittlerer Stufe unterrühren
175 g gem. Haselnußkerne	hinzufügen, den Teig in die gefettete, mit
gem. Haselnußkernen	ausgestreute Backform füllen, die Form auf dem Rost in den Backofen schieben
Ober-/Unterhitze	180–200 °C (vorgeheizt)
Heißluft	160–180 °C (nicht vorgeheizt)
Gas	Stufe 2–3 (vorgeheizt)
Backzeit	etwa 55 Minuten.
	Für den Guß
100–150 g zartbittere Schokolade	in kleine Stücke brechen, mit
etwas Kokosfett	in einem kleinen Topf im Wasserbad bei schwacher Hitze zu einer geschmeidigen Masse verrühren, das erkaltete Gebäck damit überziehen, nach Belieben mit
Schlagsahne	verzieren, mit
kandierten Kirschen	garnieren.

Zimt-Mandel-Kuchen

250 g getrocknete, gewürfelte Pflaumen	mit
125 ml (1/8 l) Armagnac oder Cognac	übergießen, am besten über Nacht stehen lassen.
175 g weiche Butter oder Margarine	mit Handrührgerät mit Rührbesen auf höchster Stufe geschmeidig rühren, nach und nach
175 g Zucker	
1 Pck. Vanillin-Zucker	
1 EL gemahlenen Zimt	unterrühren, so lange rühren, bis eine gebundene Masse entstanden ist
4 Eier	nach und nach unterrühren (jedes Ei etwa 1/2 Minute)
175 g Weizenmehl	mit
2 gestr. TL Backpulver	mischen, sieben, eßlöffelweise auf mittlerer Stufe unterrühren, zuletzt
200 g nicht abgezogene, gem. Mandeln	und die Pflaumen (mit Flüssigkeit) unterrühren, den Teig in eine gefettete Kastenform (25 x 11 cm) oder Napfkuchenform (Ø 22 cm) füllen
Ober-/Unterhitze	150–170 °C (vorgeheizt)
Heißluft	130–150 °C (nicht vorgeheizt)
Gas	Stufe 2–3 (nicht vorgeheizt)
Backzeit	60–70 Minuten
	den Kuchen etwa 10 Minuten in der Form stehen lassen, vorsichtig herausnehmen, abkühlen lassen
75 g (5 EL) Schlagsahne	in einem kleinen Topf zum Kochen bringen, gut aufkochen lassen, von der Kochstelle nehmen
150 g gehackte weiße Kuvertüre	unter Rühren in der Sahne auflösen, in eine Rührschüssel geben, mit Handrührgerät mit Rührbesen in 2–3 Minuten zu einer streichfähigen Masse schlagen, Kuchen damit überziehen, Canache fest werden lassen.

Rosenkuchen mit Quarkfüllung

(Foto Seite 66)

75 g Speisequark (Magerstufe)	mit
etwas abgeriebener Zitronenschale (unbehandelt)	
25 g Zucker	

4–5 Tropfen Bittermandel-Aroma	mit einem Handrührgerät mit Rührbesen auf höchster Stufe verrühren
125 g Speisequark (Magerstufe)	mit
6 EL Milch	
4 EL Speiseöl	
80 g Zucker	
1 Eiweiß, ½ Eigelb	auf höchster Stufe gut verrühren
Mark von 1 Vanilleschote	
Salz	hinzufügen
300 g Weizenmehl	mit
4 gestr. TL Backpulver	mischen, über die Quark-Masse sieben, alles auf mittlerer Stufe zu einem geschmeidigen Teig verarbeiten den Teig zu einem Rechteck von 30 x 60 cm ausrollen, die Füllung auf den Teig streichen
80 g abgezogene, gehobelte Mandeln	
75 g Rosinen oder Korinthen	gleichmäßig darüberstreuen, den Teig aufrollen, die Rolle in 13–14 Scheiben schneiden, diese in eine gefettete Springform (Ø 20 oder 22 cm) legen
½ Eigelb	mit
2 EL Wasser	verschlagen, den Teig damit bestreichen, mit
10 g abgezogenen, gehobelten Mandeln	bestreuen die Form auf dem Rost in den vorgeheizten Backofen schieben
Ober-/Unterhitze	etwa 180 °C
Heißluft	etwa 160 °C
Gas	etwa Stufe 3
Backzeit	45–55 Minuten.

Weihnachts-Baumstamm

5 Eier	
2 EL heißes Wasser	mit einem Handrührgerät mit Rührbesen auf höchster Stufe in etwa 1 Minute schaumig schlagen, nach und nach
60 g Zucker	hinzufügen, so lange rühren, bis eine cremeartige Masse entstanden ist
150 g Zucker	unterrühren
120 g Weizenmehl	mit
20 g Kakao	
3 gestr. TL Backpulver	mischen, darüber sieben

Fortsetzung Seite 74

abgeriebene Schale von 1 Orange (unbehandelt)	hinzufügen, alles unter die Eigelbcreme ziehen (nicht rühren), den Teig etwa 1 cm dick auf ein gefettetes, mit Backpapier belegtes Backblech streichen, an der offenen Seite des Blechs das Papier unmittelbar vor dem Teig zu einer Falte knicken, so daß ein Rand entsteht, im vorgeheizten Backofen backen
Ober-/Unterhitze	180–200 °C
Heißluft	–
Gas	Stufe 3–4
Backzeit	10–12 Minuten
	den Biskuit nach dem Backen sofort auf ein Küchentuch stürzen, das Papier mit kaltem Wasser bestreichen, vorsichtig, aber schnell abziehen, den Biskuit gleichmäßig mit
3–4 EL Kirschkonfitüre	bestreichen, von der kürzeren Seite her aufrollen, auf ein mit Backpapier belegtes Backblech legen
	für die Verzierung
3 Eiweiß	steif schlagen, es muß so fest sein, daß ein Messerschnitt sichtbar bleibt
150 g Zucker	unterschlagen, den Eierschnee in einen Spritzbeutel mit großer Sterntülle füllen, die Biskuitrolle mit gleichmäßig nebeneinander gesetzten Längsstreifen verzieren, einige Minuten unter den vorgeheizten Grill schieben, hellbraun werden lassen, den ausgekühlten Weihnachts-Baumstamm nach Belieben verzieren.
Beigabe:	Schwach gesüßte Schlagsahne.

Gewürzstern

(Foto Seite 67)

150 g Butter	
125 g Zucker	mit einem Handrührgerät mit Rührbesen auf höchster Stufe sehr schaumig rühren, nach und nach
3 Eier	
abgeriebene Schale von 1 Zitrone (unbehandelt)	
1 TL gem. Zimt	
3 TL Lebkuchen-Gewürz	
1/4 TL gem. Nelken	
1 Msp. gem. Muskatblüte (Macis)	
1 Msp. gem. Kardamom	unterrühren
275 g Weizenmehl	mit
4 gestr. TL Backpulver	

20 g Kakao	mischen, sieben, eßlöffelweise auf mittlerer Stufe unterrühren
3 TL Instant-Kaffeepulver	mit
1 EL heißem Wasser	anrühren, unter den Teig rühren, den Teig in eine gut gefettete Sternform füllen, in den vorgeheizten Backofen schieben
Ober-/Unterhitze	180–190 °C
Heißluft	160–170 °C
Gas	etwa Stufe 3
Backzeit	etwa 50 Minuten den abgekühlten Kuchen stürzen, erkalten lassen, mit
abgezogenen, halbierten Mandeln	verzieren, mit
Puderzucker	bestreuen.

Echte Nürnberger Lebkuchen

2 kleine Eier	
125 g Zucker	mit einem Handrührgerät mit Rührbesen auf höchster Stufe schaumig schlagen, nach und nach
1 Prise Muskatnuß	
1/2 TL gem. Nelken	
1/2 TL gem. Zimt	
2 Tropfen Bittermandel-Aroma	
einige Tropfen Rum-Aroma	
einige Tropfen Zitronen-Aroma	unterrühren
125 g abgezogene, gem. Mandeln	
125 g abgezogene, gehackte Mandeln	
125 g feingewürfeltes Zitronat (Sukkade)	unter die Eiermasse rühren, den Teig fingerdick auf
Oblaten (Ø etwa 6 cm)	verstreichen oder als flache Häufchen auf ein gefettetes Backblech setzen, in den vorgeheizten Backofen schieben
Ober-/Unterhitze	etwa 180 °C
Heißluft	etwa 160 °C
Gas	etwa Stufe 3
Backzeit	etwa 20 Minuten
150 g Puderzucker	sieben, mit
2–3 EL heißem Wasser	zu einer dickflüssigen Masse verrühren, die noch warmen Lebkuchen damit bestreichen.

Mohn-Apfel-Kuchen

(Foto Seite 68)

200 g Weizenmehl	mit
1 gestr. TL Backpulver	mischen, in eine Rührschüssel sieben
125 g Zucker	
1 Pck. Vanillin-Zucker	
1 Prise Salz	
½ Eigelb, 1 Eiweiß	
125 g weiche Butter	
150 g gemahlene, leicht geröstete Haselnußkerne	hinzufügen, die Zutaten mit Handrührgerät mit Knethaken zunächst kurz auf niedrigster, dann auf höchster Stufe gut durcharbeiten, anschließend auf der Arbeitsfläche zu einem glatten Teig verkneten
250 g frisch gemahlener Mohn	mit
150 ml heißer Milch	
50 g Butter	gut verrühren, etwa 15 Minuten zum Quellen stehen lassen, kalt stellen
etwa 1 kg Äpfel (z.B. Boskop)	schälen, vierteln, entkernen, in sehr kleine Stücke schneiden, mit
75 g Zucker	
1 Msp. gemahlener Zimt	unter Rühren leicht dünsten lassen, kalt stellen, knapp ⅓ des Teiges dünn ausrollen, mit einer runden, gezackten Form (Ø etwa 3 cm) Plätzchen ausstechen, beiseite legen, gut die Hälfte des restlichen Teiges auf dem Boden einer Springform (Ø 28 cm, Boden gefettet) ausrollen, den Rest des Teiges zu einer Rolle formen, sie als Rand auf den Teigboden legen, so an die Form drücken, daß ein etwa 3 cm hoher Rand entsteht, unter die abgekühlte Mohnmasse
1 Pck. Saucen-Pulver Vanille-Geschmack	
125 g Zucker	
1 Ei	rühren, auf den Teigboden streichen, die erkaltete Apfelfüllung gleichmäßig darauf verteilen, mit den Teigplätzchen belegen
½ Eigelb	mit
1 TL Milch	verschlagen, die Teigplätzchen damit bestreichen
Ober-/Unterhitze	170–200 °C (vorgeheizt)
Heißluft	150–180 °C (nicht vorgeheizt)
Gas	Stufe 3–4 (nicht vorgeheizt)
	etwa 40 Minuten.

Gerollte Schnitten

150 g Weizenmehl	mit
4 gestr. TL Backpulver	mischen, in eine Rührschüssel sieben
75 g Speisequark	
50 ml (gut 3 EL) Milch	
50 ml (gut 3 EL) Speiseöl	
40 g Zucker	
1 Pck. Vanillin-Zucker	
1 Fläschchen Butter-Vanille-Aroma	
1 Prise Salz	hinzufügen, die Zutaten mit Handrührgerät mit Knethaken auf höchster Stufe in etwa 1 Minute verarbeiten (nicht zu lange, Teig klebt sonst), anschließend auf der bemehlten Arbeitsfläche zu einer Rolle formen
100 g Marzipan-Rohmasse	mit
50 g Margarine oder Butter	
1 Eigelb	mit Handrührgerät mit Rührbesen zu einer geschmeidigen Masse verrühren
125 g Rosinen	mit
50 g gehackten Haselnußkernen	
25 g sehr fein gehacktes Zitronat (Sukkade)	
1 Msp. gemahlener Zimt	
1 Fläschchen Rum-Aroma	mischen, den Teig auf der leicht mit Mehl bestäubten Arbeitsfläche zu einem Quadrat (30 x 30 cm) ausrollen, mit der Marzipanmasse bestreichen, die Rosinenmischung darauf verteilen, leicht andrücken, den Teig aufrollen, auf ein mit Backpapier belegtes Backblech legen, der Länge nach (etwa 25 cm) etwa 2 1/2 cm tief einschneiden, etwas auseinanderziehen, die Seiten wieder andrücken
Ober-/Unterhitze	170–200 °C (vorgeheizt)
Heißluft	etwa 160 °C (nicht vorgeheizt)
Gas	Stufe 3–4 (vorgeheizt)
Backzeit	25–35 Minuten
80 g Puderzucker	sieben, mit so viel von
1–2 EL Rum	glattrühren, daß eine dickflüssige Masse entsteht, das Gebäck sofort nach dem Backen damit bestreichen, fest werden lassen, in etwa 1–2 cm breite Schnitten schneiden.

Orangenkuchen, einmal anders

(Foto Seite 85)

2 mittelgroße Orangen (unbehandelt, je 150 g)	heiß abwaschen, trockentupfen, in dünne Scheiben schneiden, in
4 EL Rum, 25 g Zucker	zum Kochen bringen, etwa 2 Minuten kochen lassen, beiseite stellen für den Biskuitteig
2 Eier	mit
2 Eigelb, 50 g Zucker abgeriebener Schale von 1 Orange (unbehandelt) 2 EL frisch gepreßtem Orangensaft	mit einem Handrührgerät mit Rührbesen auf höchster Stufe in etwa 1 Minute sehr schaumig schlagen,
2 Eiweiß	steif schlagen, es muß so fest sein, daß ein Messerschnitt sichtbar bleibt, auf die Eigelb-Masse geben
1 Pck. Pudding-Pulver Vanille-Geschmack	mit
50 g Speisestärke 2 gestr. TL Backpulver	mischen, über den Eischnee sieben, alles mit einem Schneebesen unter die Eigelb-Masse rühren, den Boden einer beschichteten Obstform (Ø 28 cm) mit Backpapier auslegen, die Orangenscheiben darauf verteilen, etwas Kochflüssigkeit dazu geben, den Teig darauffüllen, glattstreichen, die Form sofort auf dem Rost in den vorgeheizten Backofen schieben
Ober-/Unterhitze	etwa 180 °C
Heißluft	etwa 160 °C
Gas	etwa Stufe 3
Backzeit	25–30 Minuten den Kuchen in der Form etwas abkühlen lassen, dann auf ein Kuchenrost stürzen, das Papier abziehen
1 TL gem. Gelatine, weiß	mit
3 EL frisch gepreßtem Orangensaft, 1 EL Rum	anrühren, 10 Minuten zum Quellen stehen lassen, unter Rühren erwärmen, bis sie gelöst ist, den Orangenkuchen damit bestreichen.

Kirsch-Marzipan-Kuchen

250 g Butter	mit Handrührgerät mit Rührbesen auf höchster Stufe geschmeidig rühren, nach und nach
200 g Zucker	

1 Pck. Vanillin-Zucker	
1 Prise Salz	unterrühren
5 Eier	nach und nach unterrühren (jedes Ei knapp $^{1}/_{2}$ Minute)
375 g Weizenmehl	
3 gestr. TL Backpulver	mischen, sieben, portionsweise auf mittlerer Stufe unterrühren, den Teig auf ein gefettetes, bemehltes Backblech streichen, vor den Teig einen mehrfach umgeknickten Streifen Alufolie legen.
1 Glas Sauerkirschen	
(Abtropfgewicht 370 g)	zum Abtropfen auf ein Sieb geben, Kirschen auf dem Teig verteilen
2 Eiweiß	steif schlagen
100 g Marzipan-Rohmasse	geschmeidig rühren
200 g gem., nicht abgezogene Mandeln	mit dem Eischnee unter die Marzipanzubereitung heben, die Masse in Häufchen auf dem Teig verteilen.
Ober-/Unterhitze	180–200 °C (vorgeheizt)
Heißluft	150–170 °C (nicht vorgeheizt)
Gas	Stufe 3–4 (vorgeheizt)
Backzeit	35–40 Minuten
	das erkaltete Gebäck mit
Puderzucker	bestäuben.

Schokoladen-Biskuitrolle

4 Eier	mit
4 EL warmem Wasser	mit einem Handrührgerät mit Rührbesen auf höchster Stufe in 1 Minute schaumig schlagen
125 g Zucker	mit
1 Pck. Vanillin-Zucker	mischen, in 1 Minute einstreuen, dann noch etwa 2 Minuten schlagen
50 g Weizenmehl	mit
50 g Speisestärke	
30 g Kakao	
$^{3}/_{2}$ gestr. TL Backpulver	mischen, die Hälfte davon auf die Eiercreme sieben, kurz auf niedrigster Stufe unterrühren, den Rest des Mehl-Gemisches auf dieselbe Weise unterarbeiten, den Teig etwa 1 cm dick auf ein gefettetes, mit Pergamentpapier belegtes Backblech streichen, an der offenen Seite des Blechs das Papier unmittelbar vor dem Teig zu einer Falte knicken, so daß ein Rand entsteht, im vorgeheizten Backofen backen
Ober-/Unterhitze	200–225 °C
Heißluft	–
Gas	Stufe 3–4

Fortsetzung Seite 80

Backzeit	10–15 Minuten den Biskuit sofort nach dem Backen auf ein mit Zucker bestreutes Papier stürzen, das Pergamentpapier mit kaltem Wasser bestreichen, vorsichtig, aber schnell abziehen den Biskuit mit der Papierunterlage aufrollen, kalt stellen
1 Pck. Pudding-Pulver Vanille-Geschmack	
100 g Zucker	mit 6 Eßlöffeln von
500 ml (1/2 l) kalter Milch	anrühren, die übrige Milch erhitzen, in die kochende, von der Kochstelle genommene Milch das angerührte Pudding-Pulver rühren, einmal kurz aufkochen lassen, während des Erkaltens ab und zu durchrühren
200 g Butter	geschmeidig rühren, den Pudding eßlöffelweise darunter geben (darauf achten, daß weder Fett noch Pudding zu kalt sind, da dann die sogenannte Gerinnung eintritt) die ausgekühlte Rolle vorsichtig auseinanderrollen, mit der Hälfte der Buttercreme gleichmäßig bestreichen, aufrollen, die äußere braune Haut entfernen, die Rolle mit der restlichen Creme bestreichen, verzieren.

Mandelkuchen mit Schokolade

150 g Butter oder Margarine	mit Handrührgerät mit Rührbesen auf höchster Stufe in etwa 1/2 Minute geschmeidig rühren, nach und nach
200 g Zucker **1 Pck. Vanillin-Zucker**	unterrühren, so lange rühren, bis eine gebundene Masse entstanden ist
5 Eier **3 Tropfen Bittermandel-Aroma**	nach und nach unterrühren (jedes Ei etwa 1/2 Minute)
100 g Weizenmehl	mit
50 g Speisestärke **1 gestr. TL Backpulver**	mischen, sieben, eßlöffelweise auf mittlerer Stufe unterrühren
150 g Schokolade	in kleine Stücke schneiden, mit
150 g gemahlenen Mandeln	unter den Teig heben, ihn in eine gefettete, mit Pergamentpapier ausgelegte Kastenform (30 x 11 cm) füllen, die Form auf dem Rost in den Backofen schieben
Ober-/Unterhitze:	160–180 °C (vorgeheizt)
Heißluft:	140–160 °C (nicht vorgeheizt)
Gas:	Stufe 2–3 (vorgeheizt)
Backzeit:	etwa 75 Minuten.

Honig-Sirup-Gebäck

Liegnitzer Bomben

(24 Stück)

Für die Backförmchen Alufolie so legen, daß 12 mal ein 15 cm langes Stück Folie aufeinanderliegt, auf das oberste Stück Folie 2 Kreise von jeweils 15 cm Durchmesser nebeneinander aufzeichnen, so ausschneiden, daß 24 runde Folienblätter entstehen, diese Folienblätter einzeln mit der blanken Seite auf den Boden eines umgedrehten Bechers (z.B. Joghurtbecher) legen, die überstehende Folie fest andrücken, so daß Förmchen mit einem gleichmäßig hohen Rand entstehen

200 g Honig oder Sirup	mit
125 g Zucker **65 g Butter** **2 EL Milch**	langsam erwärmen, zerlassen, in eine Rührschüssel geben, kalt stellen, unter die fast erkaltete Masse mit dem Handrührgerät mit Rührbesen auf höchster Stufe
2 Eier **1/4 Fläschchen Zitronen-Aroma** **etwas gem. Kardamom** **1/2 gestr. TL gem. Nelken** **1 gestr. TL gem. Zimt**	rühren
250 g Weizenmehl	mit
25 g Kakaopulver **3 gestr. TL Backpulver**	mischen, sieben, portionsweise auf mittlerer Stufe unterrühren
65 g Korinthen **65 g abgezogene, gehackte Mandeln** **65 g gewürfeltes Zitronat (Sukkade)**	auf mittlerer Stufe unter den Teig rühren, ihn auf die Folienförmchen verteilen, auf Backbleche stellen
Ober-/Unterhitze	180–200 °C (vorgeheizt)
Heißluft	160–180 °C (nicht vorgeheizt)
Gas	Stufe 3–4 (vorgeheizt)
Backzeit	10–15 Minuten.
	sofort nach dem Backen das Gebäck aus den Förmchen lösen, erkalten lassen
175 g Aprikosen-Konfitüre	durch ein Sieb streichen, mit
2 EL Wasser	aufkochen, das erkaltete Gebäck dünn damit bestreichen
etwa 200 g Kuvertüre	in kleine Stücke schneiden, in einem kleinen Topf im Wasserbad bei schwacher Hitze zu einer geschmeidigen Masse verrühren, die Liegnitzer damit überziehen.

Feiner Honigkuchen

375 g Honig	mit
125 g Zucker	
1 Pck. Vanillin-Zucker	
100 g Margarine	
100 g Schweineschmalz	langsam erwärmen, zerlassen, in eine Rührschüssel geben, kalt stellen, unter die fast erkaltete Masse mit einem Handrührgerät mit Rührbesen auf höchster Stufe
2 Eier	
3 gestr. TL gem. Zimt	
½ gestr. TL gem. Kardamom	
½ gestr. TL gem. Nelken	
4 Tropfen Bittermandel-Aroma	
1 Fläschchen Rum-Aroma	
abgeriebene Schale von 1 Orange (unbehandelt)	rühren
500 g Weizenmehl	mit
1 Pck. Backpulver	
30 g Back-Kakao	mischen, sieben, nach und nach eßlöffelweise abwechselnd auf mittlerer Stufe mit
knapp 125 ml (⅛ l) Milch	unterrühren
150 g Korinthen	verlesen
100 g Haselnußkerne	grob hacken
100 g Zitronat (Sukkade)	in kleine Würfel schneiden
	die Zutaten zuletzt unter den Teig heben, ihn gut 1 cm dick auf ein gefettetes Backblech (38 x 28 cm) streichen, vor den Teig ein mehrfach geknicktes Stück Alufolie legen, in den vorgeheizten Backofen schieben
Ober-/Unterhitze	175–200 °C
Gas	Stufe 3–4
Backzeit	25–30 Minuten
	den Honigkuchen auf dem Backblech erkalten lassen.
	Für den Guß
150 g Puderzucker	mit
30 g Kakao	mischen, sieben, mit
etwa 2 EL heißem Wasser	glattrühren, so daß eine dickflüssige Masse entsteht
20 g Kokosfett	zerlassen, heiß darunter rühren
	den Kuchen damit bestreichen, sofort mit einem scharfen Messer in Stücke von 6 x 6 cm schneiden.

Mandel-Honig-Schnitten

300 g Weizenmehl	mit
2 gestr. TL Backpulver	mischen, in eine Rührschüssel sieben
100 g Zucker	
1 Pck. Vanillin-Zucker	
einige Tropfen Zitronen-Aroma	
Salz	
1 Ei	
125 g weiche Butter	hinzufügen,
	die Zutaten mit einem Handrührgerät mit Knethaken zunächst kurz auf niedrigster, dann auf höchster Stufe gut durcharbeiten, anschließend auf der Arbeitsfläche zu einem glatten Teig verkneten, sollte er kleben, ihn eine Zeitlang kalt stellen,
	den Teig auf einem gefetteten Backblech ausrollen, im vorgeheizten Backofen hellgelb backen
Ober-/Unterhitze	175–200 °C
Heißluft	160–180 °C
Gas	Stufe 3–4
Backzeit	etwa 20 Minuten
100 g Zucker	mit
75 g Honig	
30 g Butter	
3 EL Milch	langsam erwärmen, zerlassen, kurz aufkochen lassen
2–3 Tropfen Bittermandel-Aroma	
150 g abgezogene, gehobelte Mandeln	
60 g gehackte Haselnußkerne	
6 kleingeschnittene Belegkirschen	
30 gewürfelte Sukkade (Zitronat)	unterrühren, die Masse etwas erkalten lassen, gleichmäßig auf den Gebäckboden streichen
Ober-/Unterhitze	175–200 °C
Heißluft	160–180 °C
Gas	Stufe 3–4
Backzeit	etwa 10 Minuten
	das etwas erkaltete Gebäck in kleine Quadrate schneiden
200 g Puderzucker	mit
30 g Kakao	mischen, sieben, mit
4 EL heißem Wasser	glattrühren, so daß eine dickflüssige Masse entsteht
30 g Kokosfett	zerlassen, unterrühren, je zwei gegenüberliegende Ecken der Mandelschnitten in den Guß tauchen.

Orangenkuchen, einmal anders, Rezept Seite 78

Thorner Kathrinchen, Rezept Seite 89

Honigplätzchen, Rezept Seite 92

Farinplätzchen, Rezept Seite 113

Thorner Kathrinchen

(Foto Seite 86)

75 g Honig	mit
60 g Zucker	
2 EL Wasser	
25 g Butter	in einem kleinen Topf langsam erwärmen, zerlassen, in eine Rührschüssel geben, kalt stellen unter die fast erkaltete Masse mit Handrührgerät mit Rührbesen auf höchster Stufe
1 Ei	
2 TL Lebkuchen-Gewürz	
1 Beutel Zitronen-Aroma	
abgeriebene Schale von 1/2 Zitrone (unbehandelt)	
1 EL Rum	rühren
200 g Weizenmehl	mit
100 g Roggenmehl	
2 gestr. TL Backpulver	mischen, sieben, 2/3 davon eßlöffelweise auf mittlerer Stufe unterrühren, den Teigbrei mit dem Rest des Mehls auf der Arbeitsfläche zu einem glatten Teig verkneten, dann dünn ausrollen und Kathrinchen ausstechen oder rechteckige Plätzchen von etwa 10 x 6 cm ausschneiden, mit
Kondensmilch	bestreichen, mit
abgezogenen, halbierten Mandeln	
Haselnußkernen	
Sonnenblumenkernen	belegen, die Nüsse und Mandeln nochmals mit Kondensmilch bestreichen die Plätzchen auf ein gefettetes Backblech legen
Ober-/Unterhitze	etwa 200 °C (vorgeheizt)
Heißluft	etwa 180 °C (nicht vorgeheizt)
Gas	Stufe 3–4 (vorgeheizt)
Backzeit	10–12 Minuten.

Honigkuchen

250 g Honig	mit
100 g Butter	langsam erwärmen, zerlassen, in eine Rührschüssel geben, kalt stellen, unter die fast erkaltete Masse mit einem Handrührgerät mit Rührbesen auf höchster Stufe
10 g Back-Kakao	
2 gestr. TL gem. Zimt	
2 gestr. TL gem. Ingwer	
1 1/2 TL gem. Nelken	
Salz	
50 g gestoßenen braunen Kandiszucker (Grümmel)	
50 g feingewürfeltes Zitronat (Sukkade)	
2 Eier	
2 EL Weinbrand	
einige Tropfen Zitronen-Aroma	rühren
200 g Weizenmehl	
2 gestr. TL Backpulver	mischen, sieben, eßlöffelweise auf mittlerer Stufe unterrühren den Teig in eine mit Pergamentpapier ausgelegte, gefettete Kastenform (30 x 11 cm) füllen, die Form auf dem Rost in den vorgeheizten Backofen schieben
Ober-/Unterhitze	175–200 °C
Heißluft	150–180 °C
Gas	Stufe 3–4
Backzeit	etwa 60 Minuten.

Lebkuchensterne

125 g Honig	mit
200 g Zucker	
1 Pck. Vanillin-Zucker	
150 g Butter oder Margarine	
4 EL Milch	langsam erwärmen, zerlassen, in eine Rührschüssel geben, kalt stellen unter die fast erkaltete Masse mit einem Handrührgerät mit Rührbesen auf höchster Stufe
3 Tropfen Bittermandel-Aroma	
1 gestr. TL gem. Zimt	rühren
400 g Weizenmehl	

2 gestr. EL Kakao	
100 g Speisestärke	
1 Pck. Backpulver	mischen, sieben, 2/3 davon eßlöffelweise auf mittlerer Stufe unterrühren, den Rest auf der Tischplatte unterkneten sollte der Teig kleben, noch etwas Mehl hinzugeben, den Teig etwa 1/2 cm dick ausrollen, Sterne ausstechen, auf ein gefettetes Backblech legen, zum Aufhängen jeweils in einer Sternspitze ein kleines Loch ausstechen, in den vorgeheizten Backofen schieben
Ober-/Unterhitze	175–200 °C
Heißluft	150–180 °C
Gas	Stufe 3–4
Backzeit	10–15 Minuten
200 g Zitronen-Glasur	mit
etwa 2 EL Wasser	zu einer spritzfähigen Masse verrühren, mit
Lebensmittelfarbe	färben, mit Hilfe eines Pergamentpapiertütchens die Sterne mit dem Guß verzieren.

Braune Weihnachtskuchen

(Foto Seite 106)

250 g Honig	mit
125 g Zucker, Salz	
65 g Butter	
65 g Schweineschmalz	
1 EL Milch	langsam erwärmen, zerlassen, in eine Rührschüssel geben, kalt stellen, unter die fast erkaltete Masse mit Handrührgerät mit Rührbesen auf höchster Stufe
5 Tropfen Zitronen-Aroma, 1 gestr. TL gem. Kardamom	
1 gestr. TL gem. Zimt	rühren
500 g Weizenmehl	mit
3 gestr. TL Backpulver	mischen, sieben, 2/3 davon eßlöffelweise auf mittlerer Stufe unterrühren, den Rest des Mehls mit
30 g gemahlenen Haselnußkernen	auf der Arbeitsfläche unter den Teigbrei kneten, sollte er kleben, noch etwas Mehl hinzugeben, den Teig dünn ausrollen, zu rechteckigen oder runden Plätzchen ausstechen, auf ein gefettetes Backblech legen, dünn mit
Kondensmilch	bestreichen, in den Backofen schieben
Ober-/Unterhitze	175–200 °C (vorgeheizt)
Heißluft	150–180 °C (nicht vorgeheizt)
Gas	Stufe 3–4 (vorgeheizt)
Backzeit	etwa 10 Minuten.

Honigkranz

250 g Honig	mit
1 Pck. Vanillin-Zucker	
150 g Butter	langsam erwärmen, zerlassen, kalt stellen unter die fast erkaltete Masse nach und nach mit einem Handrührgerät mit Rührbesen auf höchster Stufe
2 Eier, 3 EL Aprikosen-Konfitüre	
2 gestr. TL gem. Zimt	
je 1 Msp. gem. Nelken, gem. Kardamom	
2 Tropfen Bittermandel-Aroma	
1 Fl. Rum-Aroma	rühren
375 g Weizenmehl	mit
2 gestr. EL Kakao	
4 gestr. TL Backpulver	mischen, sieben, eßlöffelweise auf mittlerer Stufe unterrühren
100 g abgezogene, gehackte Mandeln	
125 g Korinthen	zuletzt unterrühren, den Teig in eine gefettete Kranzform (Ø etwa 24 cm) füllen
Ober-/Unterhitze	175–200 °C (vorgeheizt)
Heißluft	150–180 °C
Gas	Stufe 3–4 (nicht vorgeheizt)
Backzeit	etwa 40 Minuten.

Honigplätzchen

(Foto Seite 87)

125 g Honig	mit
200 g Zucker, 4 EL Milch	
100 g Butter	langsam erwärmen, zerlassen, in eine Rührschüssel geben, kalt stellen, unter die fast erkaltete Masse mit einem Handrührgerät mit Rührbesen auf höchster Stufe
1 Pck. Vanillin-Zucker	
3 Tropfen Bittermandel-Aroma	
1 gestr. TL gem. Zimt	rühren
400 g Weizenmehl	mit
20 g Kakao	
100 g Speisestärke	
1 Pck. Backpulver	mischen, sieben, $^2/_3$ davon eßlöffelweise auf mittlerer Stufe unterrühren, den Teigbrei mit dem Rest des Mehls

75 g abgezogenen,	
gehackten Mandeln	auf der Tischplatte zu einem glatten Teig verkneten, sollte er kleben, ihn eine Zeitlang kalt stellen, den Teig etwa ½ cm dick ausrollen, mit einer runden Form (Ø etwa 8 cm) ausstechen, auf ein gefettetes Backblech legen
1 schwach geh.	
TL Kartoffelmehl	mit
6 EL kaltem Wasser	anrühren, zum Kochen bringen, kurz aufkochen, abkühlen lassen, die Plätzchen dünn damit bestreichen
100–125 g Mandeln	abziehen, halbieren, die Plätzchen damit garnieren, in den vorgeheizten Backofen schieben
Ober-/Unterhitze	175–200 °C
Heißluft	150–180 °C
Gas	Stufe 2–3
Backzeit	etwa 20 Minuten.

Basler Leckerli

250 g Honig	mit
250 g Zucker, Salz	
4 EL Wasser	langsam erwärmen, zerlassen, kalt stellen unter die fast erkaltete Masse mit einem Handrührgerät mit Rührbesen auf höchster Stufe
4 Tr. Zitronen-Aroma	
1 gestr. TL gem. Zimt	
¼ gestr. TL gem. Nelken	
geriebene Muskatnuß	rühren
400 g Weizenmehl	mit
2 gestr. TL Backpulver	mischen, sieben, 2/3 davon eßlöffelweise auf mittlerer Stufe unterrühren, den Rest des Mehls mit
200 g abgezogenen,	
gehobelten Mandeln	
100 g feingewürfeltem	
Zitronat und	
Orangeat	auf den Teigbrei geben, von der Mitte aus alle Zutaten zu einem glatten Teig verkneten, sollte er kleben, ihn eine Zeitlang kalt stellen, den Teig auf einem gefetteten Backblech (38 x 28 cm) ausrollen (dabei leicht mit Mehl bestäuben), in den vorgeheizten Backofen schieben
Ober-/Unterhitze	175–200 °C
Heißluft	150–180 °C
Gas	Stufe 2–3
Backzeit	etwa 25 Minuten

Fortsetzung Seite 94

75 g Zucker	mit
3 EL Wasser	so lange kochen, bis die Flüssigkeit in lang nachziehenden Tropfen vom Löffel fällt, sofort nach dem Backen das Gebäck vom Blech lösen, mit der heißen Glasur bestreichen, sofort in Rechtecke 3 x 4 cm schneiden (Glasur wird erst während des Trocknens weiß).

Nußprinten

etwa 200 g enthäutete Haselnußkerne	halbieren
125 g Sirup (Rübenkraut)	mit
50 g Zucker	
1 Prise Salz	
50 g Margarine oder Butter	
2 EL Milch oder Wasser	langsam erwärmen, zerlassen, in eine Rührschüssel geben, kalt stellen, unter die fast erkaltete Masse mit Handrührgerät mit Rührbesen auf höchster Stufe
50 g braunen Kandiszucker	
3 Tropfen Zitronen-Aroma	
1/2 gestr. TL gem. Anis	
1/2 gestr. TL gem. Nelken	
1/2 gestr. TL gem. Zimt	rühren
250 g Weizenmehl	mit
3 gestr. TL Backpulver	mischen, sieben, 2/3 davon portionsweise auf mittlerer Stufe unterrühren, den Teigbrei mit dem Rest des Mehls auf der Arbeitsfläche zu einem glatten Teig verkneten, sollte er kleben, ihn eine Zeitlang kalt stellen den Teig etwa 1/2 cm dick ausrollen, Rechtecke (etwa 2 1/2 x 7 cm) daraus schneiden, auf ein gefettetes Backblech legen, die Haselnußhälften dicht auf die Teigstücke legen
Ober-/Unterhitze	170–200 °C (vorgeheizt)
Heißluft	150–180 °C (nicht vorgeheizt)
Gas	Stufe 3–4 (vorgeheizt)
Backzeit	etwa 10 Minuten.
200–250 g Kuvertüre	in kleine Stücke schneiden, mit
25 g Kokosfett	in einem kleinen Topf im Wasserbad bei schwacher Hitze zu einer geschmeidigen Masse verrühren, die erkalteten Printen damit überziehen.

Honigkranz „Liegnitzer Art“

400 g Honig	mit
250 g Zucker	
1 Pck. Vanillin-Zucker	
150 g Butter, 6 EL Milch	langsam erwärmen, zerlassen, kalt stellen unter die fast erkaltete Masse nach und nach mit einem Handrührgerät mit Rührbesen auf höchster Stufe
3 Eier	
1 Fl. Rum-Aroma	
3 Tropfen Bittermandel-Aroma	
1 TL gem. Zimt	
1/2 TL Ingwerpulver	
je 1 Msp. gem. Kardamom, gem. Muskatblüte, gem. Nelken	rühren
500 g Weizenmehl	mit
1 Pck. Backpulver	mischen, sieben, eßlöffelweise auf mittlerer Stufe unterrühren
150 g Walnußkerne	
je 150 g getrocknete Aprikosen und Feigen	
150 g getrocknete Datteln (ohne Steine)	in kleine Stücke schneiden, zuletzt unter den Teig rühren, den Teig in eine gefettete Kranzform (Ø etwa 26 cm) füllen
Ober-/Unterhitze	175–200 °C (vorgeheizt)
Heißluft	150–180 °C (nicht vorgeheizt)
Gas	Stufe 2–3 (nicht vorgeheizt)
Backzeit	etwa 75 Minuten
	nach Belieben das Gebäck mit
Puderzuckerguß	
halbierten Walnußkernen	verzieren.

Honigplätzchen mit Zimtguß

250 g Honig	mit
100 g Zucker, Salz	
100 g Margarine	langsam erwärmen, zerlassen, in eine Rührschüssel geben, kalt stellen, unter die fast erkaltete Masse mit einem Handrührgerät mit Rührbesen auf höchster Stufe
2 EL Milch oder Wasser	

Fortsetzung Seite 96

3 Tropfen Zitronen-Aroma	
je 1 gestr. TL gem. Anis, gem. Nelken, gem. Zimt	rühren
500 g Weizenmehl	mit
3 gestr. TL Backpulver	
20 g Kakao	mischen, sieben, nach und nach 2/3 davon auf mittlerer Stufe unterrühren, den Rest des Mehls darunter kneten sollte der Teig kleben,
etwas Weizenmehl	hinzufügen
	den Teig dünn ausrollen, Rechtecke von 2 x 6 cm daraus rädern, auf ein gefettetes Backblech legen
Ober-/Unterhitze	175–200 °C (vorgeheizt)
Heißluft	150–180 °C (vorgeheizt)
Gas	5 Minuten vorheizen Stufe 3–4, backen Stufe 3–4
Backzeit	etwa 10 Minuten.
	Für den Zimtguß
175 g Puderzucker	mit
1 gestr. TL gem. Zimt	mischen, sieben, mit
3–4 EL heißem Wasser	glattrühren, so daß eine dünnflüssige Masse entsteht, die erkalteten Honigplätzchen damit bestreichen.

Honigbrot

250 g Honig	mit
200 g Zucker	
65 g Butter	
125 ml (1/8 l) Malzbier	langsam erwärmen, zerlassen, in eine Rührschüssel geben, kalt stellen, unter die fast erkaltete Masse mit einem Handrührgerät mit Rührbesen auf höchster Stufe
je 1/2 gestr. TL. gem. Kardamom, gem. Nelken	
1 gestr. TL gem. Zimt	
1 Ei	
1 Fläschchen Rum-Aroma	
6 Tropfen Zitronen-Aroma	
3 Tropfen Bittermandel-Aroma	rühren
500 g Weizenmehl	mit

1 Pck. Backpulver	mischen, sieben, eßlöffelweise auf mittlerer Stufe unterrühren, den Teig gut 1 cm dick auf ein gefettetes Backblech (38 x 28 cm) streichen, einen mehrfach umgeknickten Streifen Alufolie vor den Teig legen, in den vorgeheizten Backofen schieben
Ober-/Unterhitze	175–200 °C
Heißluft	150–180 °C
Gas	Stufe 3–4
Backzeit	etwa 20 Minuten
100 g Puderzucker	sieben, mit
etwa 2 EL heißem Wasser	glattrühren, so daß eine dickflüssige Masse entsteht, das Gebäck sofort nach dem Backen damit bestreichen, in etwa 5 x 6 cm große Stücke schneiden.

Pfefferkuchenstreifen

150 g Sirup oder Honig	
50 g Zucker, 100 g Butter oder Margarine	langsam erwärmen, zerlassen, in eine Rührschüssel geben, kalt stellen, unter die fast erkaltete Masse mit Handrührgerät mit Rührbesen auf höchster Stufe
3 Eigelb, 1 EL Rum	
1 Pck. Vanillin-Zucker	
1 Pck. Lebkuchen-Gewürz	
1 Prise Salz	rühren
300 g Weizenmehl	mit
2 gestr. TL Backpulver	mischen, sieben, mit Knethaken zunächst kurz auf niedrigster, dann auf höchster Stufe gut durcharbeiten, anschließend auf der Arbeitsfläche zu einem glatten Teig verkneten, eine Zeitlang kalt stellen, Teig auf einem gefetteten Backblech ausrollen
200 g Aprikosenkonfitüre	durch ein Sieb streichen, auf den Teig streichen.
2 Eiweiß	mit
100 g Zucker	
125 g abgezogenen, gem. Mandeln	
½ TL gem. Zimt	bei schwacher Hitze erhitzen, erkalten lassen
1 Eiweiß	steif schlagen, unterziehen, Masse auf der Konfitüre verteilen
Ober-/Unterhitze	170–200 °C (vorgeheizt)
Heißluft	150–180 °C (nicht vorgeheizt)
Gas	Stufe 3–4 (vorgeheizt)
Backzeit	etwa 20 Minuten
	Gebäck erkalten lassen, in Streifen (5 x 2 cm) schneiden.

Spitzkuchen

175 g Sirup, 50 g Zucker
Salz, 2 EL Speiseöl langsam erwärmen, zerlassen, in eine Rührschüssel geben, kalt stellen, unter die fast erkaltete Masse mit einem Handrührgerät mit Rührbesen auf höchster Stufe

1 Ei, 1 geh. TL Kakao
6 Tropfen Zitronen-Aroma
1 Msp. gem. Nelkenpfeffer (Piment)
1 gestr. TL gem. Zimt rühren
250 g Weizenmehl mit
3 gestr. TL Backpulver mischen, sieben, 2/3 davon eßlöffelweise auf mittlerer Stufe unterrühren, den Teigbrei mit dem Rest des Mehls,

75 g abgezogenen, gehackten Mandeln, auf der Arbeitsfläche zu einem glatten Teig verkneten, sollte er kleben, ihn eine Zeitlang kalt stellen, aus dem Teig knapp 2 cm dicke Rollen in der Länge des Backblechs formen, nicht zu dicht nebeneinander auf ein gefettetes Backblech legen, etwas flachdrücken, hellbraun backen

Ober-/Unterhitze 175–200 °C (vorgeheizt)
Heißluft (nicht vorgeheizt)
Gas Stufe 3–4 (vorgeheizt)
Backzeit etwa 20 Minuten
die erkalteten Rollen in Dreiecke schneiden

200 g Zartbitter-Kuvertüre in einem kleinen Topf im Wasserbad bei schwacher Hitze zu einer geschmeidigen Masse verrühren, die Dreiecke damit überziehen.

Tip: Zum Überziehen mit Kuvertüre die Dreiecke auf einen Kuchenrost mit untergelegtem Pergamentpapier oder direkt auf Pergamentpapier setzen.

Knusperhäuschen

(Foto Seite 200)

Als Vorarbeit für das Knusperhäuschen für die Bodenfläche Karton in der Größe von 20 x 32 cm schneiden, entsprechend den Zeichnungen Muster aus Papier in der tatsächlichen Größe schneiden und danach auf Karton übertragen

100 g Honig mit
50 g Zucker, Salz

25 g Butter oder Margarine	langsam erwärmen, zerlassen, in eine Rührschüssel geben und kalt stellen, unter die fast erkaltete Masse
1 Ei	
1/2 TL gem. Zimt	
2 Tropfen Bittermandel-Aroma	rühren
250 g Weizenmehl	
3 gestr. TL Bachpulver	mischen, sieben und zu 2/3 unter die Masse rühren, den Rest des Mehls mit dem Teigbrei zu einem festen Teig verkneten, sollte er kleben, noch etwas Mehl hinzufügen, den Teig auf einem gefetteten Backblech (32 x 40 cm) ausrollen
Ober-/Unterhitze	175–200 °C
Gas	5 Minuten vorheizen Stufe 3–4, backen Stufe 3–4
Backzeit	10–20 Minuten.
	sofort nach dem Backen aus der Honigkuchenplatte mit einem spitzen Messer zweimal die tatsächlich sichtbaren Flächen der einzelnen (4) Hauswände (Papiermuster I, dabei die zum Zusammenkleben angegebenen Teile berücksichtigen), das Dach (Papiermuster II) in 2 Hälften schneiden
175 g Puderzucker	mit soviel
Eiweiß	glattrühren, daß eine dickflüssige Masse entsteht (bei Bedarf nochmals die gleiche Menge anrühren, da auch alle Süßigkeiten mit Eiweiß angeklebt werden), zum Garnieren die Gebäckteile für die Wände auf die bereits zusammengeklebten Kartonwände kleben, diese dann mit Eiweißguß auf der Bodenfläche befestigen und nach Belieben mit
bunten Zuckersachen	garnieren, die zwei Honigkuchenplatten für das Dach auf den in der Mitte geknickten Karton kleben, danach mit
Schokoplätzchen	garnieren
	das Dach auf dem Haus ankleben
4 Schokoladenriegel	zusammenkleben und als Kamin auf dem Dach anbringen den Rauch aus
Watte	herstellen
	die Kanten des Daches mit
Haselnußkernen	bekleben und mit Eiszapfen aus Guß versehen.
	Für den Zaun
Zuckerstäbchen	in regelmäßigen Abständen ankleben, evtl. mit einer
Goldkordel	verbinden
	nach Belieben
Märchenfiguren	hineinstellen, alles leicht mit
Kokosraspeln	und
Puderzucker	bestäuben.

Gefüllter Honigkuchen

200 g Honig oder Sirup	mit
100 g Zucker	
Salz	
50 g Butter oder Margarine	
1 EL Wasser	langsam erwärmen, zerlassen, in eine Rührschüssel geben, kalt stellen, unter die fast erkaltete Masse mit einem Handrührgerät mit Rührbesen auf höchster Stufe
1 Ei	
1 gestr. TL gem. Zimt	
2 Tropfen Bittermandel-Aroma	rühren
500 g Weizenmehl	mit
1 Pck. Backpulver	mischen, sieben, 2/3 davon eßlöffelweise auf mittlerer Stufe unterrühren, den Teigbrei mit dem Rest des Mehls auf der Arbeitsfläche zu einem glatten Teig verarbeiten, sollte er kleben, noch etwas Mehl hinzugeben 2/3 des Teiges auf einem gefetteten Backblech ausrollen (reicht für 3/4 eines Blechs), an den Seiten etwas hochdrücken, den übrigen Teig passend zu einer Decke ausrollen, mit Papier aufwickeln, beiseite legen, den Teig gleichmäßig mit
etwa 375 g nicht zu süßer Konfitüre	bestreichen, die Teigdecke darauf legen, mit einer Gabel mehrmals einstechen, in den vorgeheizten Backofen schieben
Ober-/Unterhitze	200–220 °C
Heißluft	180–200 °C
Gas	Stufe 3–4
Backzeit	etwa 20 Minuten.
	Für den Guß
100 g Puderzucker	sieben, mit
2 EL Zitronensaft	glattrühren, so daß eine dickflüssige Masse entsteht, sofort nach dem Backen das Gebäck damit bestreichen, in gleichmäßige Streifen von etwa 3 x 9 cm schneiden.

Weihnachts-Eisenbahn

250 g Honig	mit
50 g Zucker	
1 Pck. Vanillin-Zucker	
100 g Butter	
oder Margarine	langsam erwärmen, zerlassen, in eine Rührschüssel geben, kalt stellen, unter die fast erkaltete Masse nach und nach mit einem Handrührgerät mit Rührbesen auf höchster Stufe
1 Ei	
2 gestr. TL gem. Zimt	
½ gestr. TL gem. Kardamom	
½ gestr. TL gem. Nelken	
1 Fläschchen Rum-Aroma	rühren
375 g Weizenmehl	mit
3 gestr. TL Backpulver	
1 gestr. EL Kakao	mischen, sieben, nach und nach eßlöffelweise auf mittlerer Stufe mit
5 EL Milch	unterrühren
	den Teig mit einem Teigschaber in einem Rechteck von 35 x 20 cm auf ein gefettetes Backblech streichen, vor den Teig ein mehrfach umgeknicktes Stück Alufolie legen, in den vorgeheizten Backofen schieben
Ober-/Unterhitze	175–200 °C
Heißluft	160–180 °C
Gas	Stufe 3–4
Backzeit	etwa 20 Minuten
	den Honigkuchen auf dem Backblech gut auskühlen lassen,
	aus der erkalteten Kuchenplatte mit einem spitzen Messer die Teile der Eisenbahn ausschneiden (am besten nach Papierschablonen), dabei darauf achten, daß zum Zusammenkleben für die Lokomotive zwei Teile gleich sein müssen, das eine darum beim Ausschneiden umgekehrt aufgelegt werden muß
175 g Puderzucker	sieben, mit so viel
Eiweiß	glattrühren, daß eine dickflüssige Masse entsteht, für die Wagen und Lokomotive jeweils 2 Teile mit Eiweißguß aneinanderkleben, auf die gleiche Weise die Räder aus
Schokoladengeld	und alle übrigen
Zuckersachen	ankleben
4 Schokoladenriegel (farbig eingepackt)	zusammenkleben, als Schornstein auf der Lokomotive anbringen, den Rauch aus
Watte	herstellen.

Dominosteine

125 g Honig	mit
125 g Zuckerrüben-Sirup	
75 g Zucker	
1 Pck. Vanillin-Zucker	
125g Butter oder Margarine	in einem Topf unter Rühren langsam erwärmen, zerlassen, in eine Rührschüssel geben, kalt stellen, unter die fast erkaltete Masse
1½ TL Honigkuchengewürz	
4 Tropfen Bittermandel-Aroma	
1 Beutel Rum-Aroma	
2 Eier	
50 g sehr fein gehacktes Zitronat (Sukkade)	rühren
300 g Weizenmehl	mit
2 gestr. TL Backpulver	mischen, sieben, nach und nach unterrühren, den Teig auf ein gefettetes Backblech streichen, vor den Teig einen mehrfach geknickten Streifen Alufolie legen
Ober-/Unterhitze	170–200 °C (vorgeheizt)
Heißluft	160–170 °C (nicht vorgeheizt)
Gas	Stufe 3–4 (vorgeheizt)
Backzeit	15–20 Minuten
200 g rotes Johannisbeer-Gelee	unter Rühren 1–2 Minuten kochen lassen, die Oberfläche einer Gebäckhälfte mit einem Teil davon bestreichen
200 g Marzipan-Rohmasse	mit
50 g gesiebtem Puderzucker	verkneten, dünn auf
Puderzucker	ausrollen (in der Größe einer Gebäckplatte), auf die bestrichene Platte legen, wieder mit Gelee bestreichen, die andere Gebäckplatte darauf legen, über Nacht beschweren das Gebäck in Würfel (2 x 2 cm) schneiden, in das restliche, wieder erwärmte Gelee tunken, fest werden lassen
je 150 g weiße und dunkle Kuvertüre	mit
jeweils 15 g Kokosfett	im Wasserbad auflösen, die Würfel damit überziehen, Guß fest werden lassen (Würfel während des Trocknens einmal umsetzen, damit sich keine „Füßchen" bilden), Dominosteine nach Belieben mit heller und dunkler Kuvertüre verzieren.

Kleingebäck und Wohlgeformtes

Schneemänner und Kugeln

	Als Vorarbeiten Schneemänner von verschiedener Größe auf Papier zeichnen und ausschneiden
100 g Honig	mit
50 g Zucker, Salz	
25 g Butter oder Margarine	
1 EL Wasser	langsam erwärmen, zerlassen, in eine Rührschüssel geben, kalt stellen, unter die fast erkaltete Masse mit einem Handrührgerät mit Rührbesen auf höchster Stufe
1 Ei	
1/2 TL gem. Zimt	
2 Tropfen Bittermandel-Aroma	rühren
250 g Weizenmehl	mit
25 g Kakao	
3 gestr. TL Backpulver	mischen, sieben, 2/3 davon eßlöffelweise auf mittlerer Stufe unterrühren, den Teigbrei mit dem Rest des Mehls auf der Arbeitsfläche zu einem glatten Teig verkneten, sollte er kleben, ihn eine Zeitlang kalt stellen, den Teig auf einem gefetteten Backblech in einer Größe von 32 x 35 cm ausrollen, in den vorgeheizten Backofen schieben
Ober-/Unterhitze	175–200 °C
Gas	Stufe 3–4
Backzeit	etwa 10 Minuten
	sofort nach dem Backen aus der Platte nach den Schablonen Schneemänner ausschneiden
100 g gesiebten Puderzucker	mit so viel
Eiweiß	verrühren, daß ein dickflüssiger Guß entsteht, die Schneemänner damit bestreichen, nach Belieben mit
Süßigkeiten	garnieren, mit
Puderzucker	bestäuben.

Haselnußplätzchen, Rezept Seite 113

Schneehäubchen (Seite 115), Rote Nestchen (Seite 118), Braune Weihnachtskuchen (Seite 91)

Tatzen und Tupfen, Rezept Seite 122

Stutenkerl, Rezept Seite 125

Schwarz-Weiß-Gebäck, Rezept Seite 128

Mandelstäbchen, Rezept Seite 133

Spekulatius, Rezept Seite 135

Nuß-Marzipantaler (Seite 138), Mandelspekulatius (Seite 163), Zimtstangen (Seite 158)

Farinplätzchen

(Foto Seite 88)

250 g Weizenmehl	
125 g Kandisfarin	
1 Pck. Vanillin-Zucker	
4 Tropfen Rum-Aroma	
2 Eigelb	
150 g weiche Margarine	mit Handrührgerät mit Knethaken zunächst auf niedrigster Stufe kurz, dann auf höchster Stufe gut durcharbeiten, anschließend mit den Händen auf der mit Mehl bestäubten Arbeitsfläche zu einem glatten Teig verkneten, sollte der Teig kleben, ihn eine Zeitlang kalt stellen, aus dem Teig knapp 3 cm dicke Rollen formen, diese mit
etwas Dosenmilch	bestreichen und in
Kandisfarin	wälzen, die Rollen so lange kalt stellen, bis sie hart geworden sind, dann mit einem scharfen Messer etwa 1/2 cm dicke Scheiben davon abschneiden und sie auf ein gefettetes Backblech legen.
Ober-/Unterhitze	180–200 °C (vorgeheizt)
Heißluft	160–180 °C (nicht vorgeheizt)
Gas	Stufe 3–4 (vorgeheizt)
Backzeit	etwa 10 Minuten.

Haselnußplätzchen

(Foto Seite 105)

2 Eier, 100 g Zucker	mit einem Handrührgerät mit Rührbesen auf höchster Stufe schaumig schlagen
100 g Weizenmehl	sieben, mit
10 g abgezogenen, gehackten Mandeln	
150 g gem., gerösteten Haselnußkernen	
1/2 Pck. Lebkuchen-Gewürz	mischen, darüber geben, mit dem Handrührgerät mit Knethaken schnell zu einem glatten Teig verkneten, den Teig etwa 1/2 cm dick ausrollen, mit beliebigen Formen Plätzchen ausstechen, auf ein mit Backpapier ausgelegtes Backblech legen in die Mitte der Plätzchen je einen von
35–40 g Haselnußkernen	setzen, das Backblech in den vorgeheizten Backofen schieben
Ober-/Unterhitze	180–200 °C
Heißluft	160–180 °C
Gas	Stufe 3–4
Backzeit	etwa 15 Minuten.

Dattelmakronen

3 Eiweiß	mit einem Handrührgerät mit Rührbesen auf höchster Stufe steif schlagen, es muß so fest sein, daß ein Messerschnitt sichtbar bleibt, nach und nach
200 g Zucker	
1 Pck. Vanillin-Zucker	
1 Fläschchen Rum-Aroma	unterrühren
125 g entkernte Datteln	in kleine Stücke schneiden
150 g abgezogene, gehackte Mandeln	beide Zutaten auf den Eierschnee geben
30 g Speisestärke	darüber sieben, vorsichtig auf niedrigster Stufe unterrühren, von dem Teig mit 2 Teelöffeln Häufchen auf ein gefettetes Backblech setzen
Ober-/Unterhitze	100–110 °C (vorgeheizt)
Heißluft	80–100 °C (nicht vorgeheizt)
Gas	Stufe 1–2 (nicht vorgeheizt)
Backzeit	50–75 Minuten.

Knusperchen

300 g Weizenmehl	mit
2 gestr. TL Backpulver	mischen, in eine Rührschüssel sieben
100 g Zucker	
1 Pck. Vanillin-Zucker	
1 Fläschchen Rum-Aroma	
4 EL Milch	
50 g weiche Butter	
50 g Schweineschmalz	hinzufügen, die Zutaten mit einem Handrührgerät mit Knethaken zunächst kurz auf niedrigster, dann auf höchster Stufe gut durcharbeiten, anschließend auf der Arbeitsfläche zu einem glatten Teig verkneten, sollte er kleben, ihn eine Zeitlang kalt stellen, den Teig dünn ausrollen, mit beliebigen Formen ausstechen oder ausrädern, mit
Milch oder Kondensmilch	bestreichen, mit
Zucker	bestreuen, auf ein gefettetes Backblech legen
Ober-/Unterhitze	175–200 °C (vorgeheizt)
Heißluft	160–180 °C (vorgeheizt)
Gas	5 Minuten vorheizen 3–4, backen 3–4
Backzeit	8–10 Minuten.

Schneehäubchen

(Foto Seite 106)

3 Eiweiß	mit einem Handrührgerät mit Rührbesen auf höchster Stufe steif schlagen, der Schnee muß so fest sein, daß ein Messerschnitt sichtbar bleibt
250 g Puderzucker	sieben, eßlöffelweise unterrühren, zum Bestreichen der Häubchen 4 Eßlöffel Eierschnee abnehmen
125 g abgezogene, gem. Mandeln	
125 g gem. Haselnußkerne, leicht geröstet	unter den Eierschnee rühren, die Masse bergartig auf
etwa 50 Oblaten (Ø 4 cm)	streichen, sorgfältig mit dem zurückgelassenen Eierschnee bestreichen, auf ein Backblech legen, auf der unteren Schiene in den Backofen schieben
Ober-/Unterhitze	130–150 °C (vorgeheizt)
Heißluft	110–130 °C (nicht vorgeheizt)
Gas	Stufe 1–2 (nicht vorgeheizt)
Backzeit	etwa 20 Minuten.

Vanilleplätzchen

250 g Weizenmehl	mit
1 gestr. TL Backpulver	mischen, auf die Arbeitsfläche sieben, in die Mitte eine Vertiefung eindrücken
75 g Zucker	
2 Pck. Vanillin-Zucker	
1 Ei	hineingeben, mit einem Teil des Mehls zu einem dicken Brei verarbeiten
125 g kalte Butter	in Stücke schneiden, darauf geben, mit Mehl bedecken, von der Mitte aus alle Zutaten schnell zu einem glatten Teig verkneten, sollte der Teig kleben, ihn eine Zeitlang kalt stellen, den Teig dünn ausrollen, mit einer runden Form (Durchmesser etwa 4 cm) ausstechen, auf ein gefettetes Backblech legen, in den vorgeheizten Backofen schieben
Ober-/Unterhitze	175–200 °C
Heißluft	160–180 °C
Gas	Stufe 3–4
Backzeit	8–10 Minuten
etwas Kuvertüre	in einem kleinen Topf im Wasserbad bei schwacher Hitze zu einer geschmeidigen Masse verrühren, die erkalteten Plätzchen auf Pergamentpapier legen, mit einem Teelöffel unregelmäßig mit der Kuvertüre besprenkeln.

Teegebäck

250 g Weizenmehl	mit
1 gestr. TL Backpulver	mischen, in eine Rührschüssel sieben
75 g Zucker	
1 Pck. Vanillin-Zucker	
Salz	
1 Ei	
125 g weiche Butter oder Margarine	hinzufügen
	die Zutaten mit Handrührgerät mit Knethaken zunächst kurz auf niedrigster, dann auf höchster Stufe gut durcharbeiten, anschließend auf der Arbeitsfläche zu einem glatten Teig verkneten, sollte er kleben, ihn eine Zeitlang kalt stellen
	aus diesem Teig verschiedene Plätzchen zubereiten:
	für Brezeln
	aus dem Teig bleistiftdicke Rollen formen, zu Brezeln legen, mit
Milch	bestreichen, in
Zucker	drücken, auf ein Backblech legen
	für Fruchtplätzchen
	den Teig dünn ausrollen, runde Plätzchen und Ringe in gleicher Größe ausstechen, auf ein Backblech legen, die erkalteten Plätzchen mit
Konfitüre	bestreichen, auf jedes einen mit
Puderzucker	bestäubten Ring legen
	für gefüllte Plätzchen
	den Teig dünn ausrollen, mit einer runden Form Plätzchen ausstechen, auf ein Backblech legen die Hälfte der erkalteten Plätzchen auf der Unterseite mit
Konfitüre oder Gelee	bestreichen, die übrigen darauf legen, mit
Puderzucker	bestäuben
	für Zucker- oder Mandelplätzchen
	den Teig dünn ausrollen, runde Plätzchen ausstechen, auf ein Backblech legen, mit
Milch	bestreichen, mit
Zucker oder abgezogenen, gehackten, gehobelten oder gem. Mandeln	bestreuen
Ober-/Unterhitze	170–200 °C (vorgeheizt)
Heißluft	150–180 °C (nicht vorgeheizt)
Gas	Stufe 3–4 (vorgeheizt)
Backzeit	für jedes Gebäck 8–10 Minuten.

Gefüllte Ingwerplätzchen

250 g Weizenmehl	mit
1/2 gestr. TL Backpulver	mischen, auf die Arbeitsfläche sieben, in die Mitte eine Vertiefung eindrücken
75 g Zucker	
1 Pck. Vanillin-Zucker	
75 g gem. Mandeln oder gem. Haselnußkerne	
3 gestr. EL gewürfelte Ingwerfrüchte	
1 1/2 gestr. TL gem. Ingwer	
1/2 gestr. TL gem. Zimt	
1 gestr. TL Kakao	
1 Ei	hineingeben, mit einem Teil des Mehls zu einem dicken Brei verarbeiten
125 g kalte Butter	in Stücke schneiden, auf den Brei geben, mit Mehl bedecken, von der Mitte aus alle Zutaten schnell zu einem glatten Teig verkneten, sollte er kleben, ihn eine Zeitlang kalt stellen
	den Teig dünn ausrollen, mit einer runden Form Plätzchen ausstechen, auf ein gefettetes Backblech legen, in den vorgeheizten Backofen schieben
Ober-/Unterhitze	175–200 °C
Heißluft	160–180 °C
Gas	Stufe 3–4
Backzeit	etwa 5 Minuten
	die Hälfte der erkalteten Plätzchen auf der Unterseite dünn mit
2 EL bitterer Orangenmarmelade	(durch ein Sieb gestrichen)
	bestreichen, die übrigen mit der Unterseite darauf setzen
100 g Puderzucker	sieben, mit
1–2 EL Ingwersirup	
1–2 EL Wasser	verrühren, so daß ein dickflüssiger Guß entsteht,
	die Oberfläche der Plätzchen damit bestreichen, mit
Ingwerfruchtstückchen	garnieren.

Marzipan-Zucker-Plätzchen

200 g Marzipan-Rohmasse	mit
125 g weicher Butter	mit einem Handrührgerät mit Rührbesen auf höchster Stufe in etwa 1/2 Minute geschmeidig rühren, nach und nach
75 g Zucker	
1 Pck. Vanillin-Zucker	
3 Tropfen Zitronen-Aroma	unterrühren, so lange rühren, bis eine gebundene Masse entstanden ist
1 Ei	in etwa 1/2 Minute unterrühren
250 g Weizenmehl	mit
125 g Speisestärke	
1 gestr. TL Backpulver	mischen, sieben, eßlöffelweise auf mittlerer Stufe unterrühren, sollte er kleben, ihn eine Zeitlang kalt stellen, den Teig dünn ausrollen, mit beliebigen Formen ausstechen, auf ein gefettetes Backblech legen, mit
Milch	bestreichen
etwa 125 g Zucker	
1 gestr. TL gem. Zimt	mischen, die Teigplätzchen damit bestreuen, in den vorgeheizten Backofen schieben
Ober-/Unterhitze	175–200 °C
Heißluft	160–180 °C
Gas	Stufe 3–4
Backzeit	8–10 Minuten.

Rote Nestchen

(Foto Seite 106)

275 g Weizenmehl	auf die Arbeitsfläche sieben, in die Mitte eine Vertiefung eindrücken
150 g Zucker	
1 Pck. Vanillin-Zucker	
2 Eigelb	
2 Tropfen Bittermandel-Aroma	hineingeben, mit einem Teil des Mehls zu einem dicken Brei verarbeiten
175 g kalte Butter	in Stücke schneiden, auf den Brei geben, mit Mehl bedecken, von der Mitte aus alle Zutaten schnell zu einem glatten Teig verkneten, etwa 3/4 des Teiges nicht zu dünn ausrollen, mit einer runden Form (Ø etwa 4 cm) ausstechen, auf ein Backblech legen

200 g Marzipan-Rohmasse mit
2 Eiweiß zu einer geschmeidigen Masse verrühren,
die Masse in einen Spritzbeutel mit gezackter Tülle füllen,
als Kranz auf die Teigplätzchen spritzen,
in die Mitte
rote Konfitüre geben
den restlichen Teig ausrollen, zu beliebigen Formen ausstechen, auf ein Backblech legen, mit
Kondensmilch bestreichen, mit
abgezogenen, gehobelten Mandeln
Zucker und Zimt bestreuen, in den vorgeheizten Backofen schieben
Ober-/Unterhitze 175–200 °C
Heißluft 160–180 °C
Gas Stufe 2–3
Backzeit 12–20 Minuten.

Mandelecken

250 g Weizenmehl mit
1 gestr. TL Backpulver mischen, in eine Rührschüssel sieben
100 g Zucker
1 Pck. Vanillin-Zucker
7 Tropfen Bittermandel-Aroma
1 EL Milch
200 g weiche Butter oder Margarine hinzufügen, die Zutaten mit einem Handrührgerät mit Knethaken zunächst kurz auf niedrigster, dann auf höchster Stufe gut durcharbeiten, anschließend auf der Arbeitsfläche zu einem glatten Teig verkneten,
4 etwa 2 cm dicke Teigrollen formen, mit dem Handballen flachdrücken, so daß Teigstreifen entstehen, die etwa 3 cm breit und 1 cm hoch sind, so lange kalt stellen, bis der Teig hart geworden ist
75 g Mandeln abziehen, halbieren
die Teigstreifen in Dreiecke schneiden, auf ein Backblech legen, auf jedes eine Mandelhälfte drücken
Ober-/Unterhitze 175–200 °C (vorgeheizt)
Heißluft 160–180 °C (vorgeheizt)
Gas 5 Minuten vorheizen Stufe 3–4, backen Stufe 3–4
Backzeit 10–20 Minuten.

Sahnebrezeln

375 g Weizenmehl	in eine Rührschüssel sieben
1 schwach geh. TL Zucker	
2 Pck. Vanillin-Zucker	
125 ml (1/8 l) dicke saure Sahne	
250 g weiche Butter oder Margarine	hinzufügen
	die Zutaten mit Handrührgerät mit Knethaken zunächst kurz auf niedrigster, dann auf höchster Stufe gut durcharbeiten, anschließend auf der Arbeitsfläche zu einem glatten Teig verkneten, sollte er kleben, ihn eine Zeitlang kalt stellen, den Teig etwa 1/2 cm dick ausrollen, in Streifen von gut 1/2 x 22 cm schneiden, diese zu Brezeln schlingen, mit
Kondensmilch	bestreichen
100 g Hagelzucker	
50 g abgezogene, gehackte Mandeln	mischen, die Brezeln hineindrücken, auf ein Backblech legen
Ober-/Unterhitze	200–220 °C (vorgeheizt)
Heißluft	180–200 °C (nicht vorgeheizt)
Gas	Stufe 4–5 (vorgeheizt)
Backzeit	etwa 10 Minuten.

Tiroler Plätzchen

225 g Weizenmehl	mit
1 gestr. TL Backpulver	mischen, in eine Rührschüssel sieben
125 g Zucker	
1 Pck. Vanillin-Zucker	
1 Ei, 1 Msp. gem. Zimt	
125 g weiche Butter oder Margarine	
125 g abgezogene, gem. Mandeln	
25 g feingewürfeltes Zitronat (Sukkade)	
25 g feingewürfeltes Orangeat	hinzufügen
	die Zutaten mit einem Handrührgerät mit Knethaken zunächst kurz auf niedrigster, dann auf höchster Stufe gut durcharbeiten, anschließend auf der Arbeitsfläche zu einem

	glatten Teig verkneten, sollte er kleben, ihn eine Zeitlang kalt stellen, den Teig dünn ausrollen, in kleine Stücke (etwa 3 x 3 cm) rädern oder schneiden, auf ein gefettetes Backblech legen
1 Eigelb	mit
etwas Kondensmilch	verschlagen, den Teig damit bestreichen
Ober-/Unterhitze	175–200 °C (vorgeheizt)
Heißluft	160–180 °C (vorgeheizt)
Gas	5 Minuten vorheizen Stufe 3–4, backen Stufe 3–4
Backzeit	etwa 10 Minuten
etwa 30 g Puderzucker	mit
etwa 1 TL Orangensaft oder Orangenlikör	glattrühren, so daß eine dickflüssige Masse entsteht, die Plätzchen damit verzieren, mit
feingehacktem Orangeat	bestreuen.

Baseler Herzen

2 Eiweiß	mit
250 g Zucker	
1 Pck. Vanillin-Zucker	mit Handrührgerät mit Rührbesen auf höchster Stufe schaumig schlagen
2 geh. TL Kakao	
2 gestr. TL gem. Zimt	
1/2 TL gem. Nelken	
1/2 Fläschchen Rum-Aroma	
50 g Kakao	
15 g zerlassene, abgekühlte Butter	vorsichtig unterrühren
250 g nicht abgezogene, gem. Mandeln	
1/2 gestr. TL Backpulver	mischen, unter die Eiweißmasse rühren, so daß ein fester Teig entsteht, den Teig etwa 1/2 cm dick auf der bemehlten Arbeitsfläche ausrollen, Herzen ausstechen, auf ein gefettetes Backblech legen
Ober- /Unterhitze	170-200 °C (vorgeheizt)
Heißluft	150-180 °C (nicht vorgeheizt)
Gas	Stufe 3-4 (vorgeheizt)
Backzeit	ctwa 10 Minuten
200 g gesiebten Puderzucker	mit
2–3 EL heißem Wasser	glattrühren, so daß eine dickflüssige Masse entsteht, die Herzen nach dem Backen vorsichtig vom Backblech lösen, noch heiß mit dem Guß bestreichen.

Fruchthäufchen

200 g Butter	
oder Margarine	geschmeidig rühren, nach und nach
125 g Zucker	
1 Pck. Vanillin-Zucker	
2 Eigelb	
abgeriebene Schale von	
1 Zitrone oder kleinen	
Orange (unbehandelt)	hinzufügen
250 g Weizenmehl	sieben, abwechselnd eßlöffelweise mit
2 EL Milch	unterrühren, zuletzt
100 g abgezogene,	
gestiftelte Mandeln	
100 g Rosinen	
oder Korinthen	
100 g feingewürfelte	
Sukkade (Zitronat)	
50 g feingewürfeltes	
Orangeat	unterheben, mit 2 Teelöffeln Häufchen auf ein gefettetes Backblech setzen
Ober-/Unterhitze	180–200 °C (vorgeheizt)
Heißluft	160–180 °C (nicht vorgeheizt)
Gas	Stufe 3–4 (vorgeheizt)
Backzeit	15–20 Minuten
	das erkaltete Gebäck mit
Puderzucker	bestäuben.

Tatzen und Tupfen

(Foto Seite 107)

250 g Butter	
oder Margarine	mit einem Handrührgerät mit Rührbesen auf höchster Stufe in etwa 1/2 Minute geschmeidig rühren, nach und nach
175 g Zucker	
1 Pck. Vanillin-Zucker	unterrühren, so lange rühren, bis eine gebundene Masse entstanden ist
1 Ei	unterrühren
175 g Weizenmehl	mit
175 g Speisestärke	mischen, sieben, eßlöffelweise auf mittlerer Stufe unterrühren
75 g abgezogene,	
gem. Mandeln	unter den Teig rühren, ihn in einen Spritzbeutel (gezackte Tülle) füllen, in Form von kleinen Tatzen und Tupfen auf ein gefettetes Backblech spritzen, die Tupfen mit

kandierten Kirschstücken	garnieren
	auf dem Rost in den Backofen schieben
Ober-/Unterhitze	170–200 °C (vorgeheizt)
Heißluft	160–170 °C (nicht vorgeheizt)
Gas	3–4 (vorgeheizt)
Backzeit	10–15 Minuten
100 g Kuvertüre	in einem kleinen Topf im Wasserbad zu einer geschmeidigen Masse verrühren, die Hälfte der Tatzen auf der glatten Seite dünn mit Kuvertüre bestreichen, zusammensetzen, die andere Hälfte der Tatzen auf der glatten Seite dünn mit
Aprikosenkonfitüre	bestreichen, ebenfalls zusammensetzen,
	die Tatzen mit den Spitzen in Kuvertüre tauchen.

Nougatkaros

250 g Weizenmehl	mit
1/2 gestr. TL Backpulver	mischen, auf die Tischplatte sieben, in die Mitte eine Vertiefung eindrücken
75 g Zucker	
1 Pck. Vanillin-Zucker	
1 Ei	hineingeben, mit einem Teil des Mehls zu einem dicken Brei verarbeiten
200 g kalte Butter oder Margarine	in Stücke schneiden, mit
150 g gem., leicht gerösteten Haselnußkernen	auf den Brei geben, mit Mehl bedecken, von der Mitte aus alle Zutaten schnell zu einem glatten Teig verkneten, sollte er kleben, ihn eine Zeitlang kalt stellen, den Teig dünn ausrollen, in Quadrate von etwa 3 x 3 cm schneiden oder rädern, auf ein Backblech legen, in den vorgeheizten Backofen schieben
Ober-/Unterhitze	175–200 °C
Heißluft	160–180 °C
Gas	Stufe 3–4
Backzeit	8–10 Minuten
200 g Nuß-Nougatmasse	in einem kleinen Topf im Wasserbad bei schwacher Hitze geschmeidig rühren, die Hälfte der erkalteten Plätzchen auf der Unterseite damit bestreichen, die übrigen mit der Unterseite darauf legen
50–75 g Kuvertüre	in einem kleinen Topf im Wasserbad bei schwacher Hitze zu einer geschmeidigen Masse verrühren
	die Plätzchen jeweils mit einer Ecke hineintauchen.

Christbaum-Brezeln

100 g weiche Butter oder Margarine	mit einem Handrührgerät mit Rührbesen auf höchster Stufe geschmeidig rühren, nach und nach
200 g Zucker	
1 Pck. Vanillin-Zucker	
1 Ei, 1 Eiweiß	unterrühren
500 g Weizenmehl	mit
1 Pck. Backpulver	mischen, sieben, 2/3 davon eßlöffelweise auf mittlerer Stufe unterrühren, den Teigbrei mit dem Rest des Mehls auf der Arbeitsfläche zu einem glatten Teig verkneten, sollte der Teig kleben, ihn eine Zeitlang kalt stellen, den Teig in kleinen Portionen zu bleistiftdicken Rollen formen, diese in etwa 20 cm lange Stücke schneiden, zu Brezeln schlingen, auf ein gefettetes Backblech legen
1 Eigelb	mit
1 EL Milch	verquirlen, die Brezeln damit bestreichen, in den vorgeheizten Backofen schieben
Ober-/Unterhitze	175–200 °C
Heißluft	160–180 °C
Gas	Stufe 3–4
Backzeit	etwa 15 Minuten.

Heidesand

250 g Butter	zerlassen, bräunen, in eine Rührschüssel geben, kalt stellen, die wieder festgewordene Butter mit Handrührgerät mit Rührbesen auf höchster Stufe geschmeidig rühren, nach und nach
200 g Zucker	
1 Pck. Vanillin-Zucker	
2–3 EL Milch	unterrühren, so lange rühren, bis eine gebundene Masse entstanden ist
375 g Weizenmehl	mit
1 gestr. TL Backpulver	mischen, sieben, zwei Drittel davon portionsweise auf mittlerer Stufe unterrühren, den Teigbrei mit dem Rest des Mehls auf der Arbeitsfläche zu einem glatten Teig verkneten, daraus etwa 3 cm dicke Rollen formen, kalt stellen, bis sie hart geworden sind, die Rollen in etwa 1/2 cm dicke Scheiben schneiden, auf ein Backblech legen
Ober-/Unterhitze	170–200 °C (vorgeheizt)
Heißluft	160–170 °C (nicht vorgeheizt)
Gas	Stufe 3–4 (vorgeheizt)
Backzeit	10–15 Minuten.

Stutenkerle oder Weckmänner

(Foto Seite 108)

500 g Weizenmehl	in eine Schüssel sieben, mit
1 Pck. Trockenhefe	sorgfältig vermischen
50 g Zucker	
abgeriebene Schale von 1 Zitrone (unbehandelt)	
etwa 2 g Safranpulver	
etwas gem. Zimt	hinzufügen, mit dem Mehl vermengen
100 g zerlassene, lauwarme Butter oder Margarine	
1 Ei	
250 ml (1/4 l) lauwarmes Wasser	in die Mehl-Gewürz-Mischung geben, alles mit einem Handrührgerät mit Knethaken zuerst auf der niedrigsten, dann auf der höchsten Stufe in etwa 5 Minuten zu einem Teig verarbeiten
40 g Rosinen	unterkneten, den Teig zugedeckt an einem warmen Ort etwa 30 Minuten gehen lassen, den Teig 1–1 1/2 cm dick ausrollen, vier Stutenkerle ausschneiden (nach Schablone), die Armkonturen mit Hilfe eines Messers formen
	aus den Teigresten kleine Rollen und Kordeln formen, die Stutenkerle nach Belieben damit verzieren
4 Tonpfeifen	unter den linken Arm der Stutenkerle schieben, die Stutenkerle nochmals an einem warmen Ort etwa 20 Minuten gehen lassen
1 Eigelb	verschlagen, die Hälfte davon abnehmen, mit
etwas Kakao oder gemahlenem Zimt	gut verrühren
	die Stutenkerle mit dem Eigelb und dem Eigelb-Gemisch unterschiedlich bestreichen
Rosinen	als Augen und
abgezogene, gestiftelte Mandeln	als Mund und Nase in den Teig drücken
abgezogene, halbierte Mandeln	als Knöpfe setzen
	die Stutenkerle in den vorgeheizten Backofen schieben
Ober-/Unterhitze	180–200 °C
Heißluft	160–180 °C
Gas	Stufe 3–4
Backzeit	etwa 20 Minuten.
Tip:	In Folie verpackt, mit Schleifenband und Goldsternchen verziert, sind Stutenkerle ein originelles Mitbringsel in der Adventszeit oder zum Nikolaustag.

Spritzgebäck

250 g Margarine	mit Handrührgerät mit Rührbesen auf höchster Stufe geschmeidig rühren, nach und nach
250 g Zucker **2 Pck. Vanillin-Zucker** **3 Eigelb** **abgeriebene Schale von 1 Zitrone oder Orange (unbehandelt)**	unterrühren, so lange rühren, bis eine gebundene Masse entstanden ist
500 g Weizenmehl	mit
2 gestr.TL Backpulver	mischen, sieben, $2/3$ abwechselnd eßlöffelweise auf mittlerer Stufe mit
gut 1 EL Milch	unterrühren den Rest des Mehls auf der Arbeitsfläche unterkneten, den Teig durch einen Fleischwolf mit Spezialvorsatz spritzen, in Stücke von beliebiger Länge schneiden, als Stangen und Kränze auf ein Backblech legen
Ober-/Unterhitze	170-200 °C (vorgeheizt)
Heißluft	160-180 °C (nicht vorgeheizt)
Gas	Stufe 3-4 (vorgeheizt)
Backzeit	etwa 15 Minuten.
	Abwandlung
100 g Puderzucker	mit
20 g Kakao	mischen, sieben, mit
etwa 1½ EL heißem Wasser	glattrühren, so daß eine dickflüssige Masse entsteht
50 g Butter	zerlassen, heiß darunter rühren, das Gebäck an einer der Schmalseiten mit dem Guß bestreichen oder es damit verzieren.

Friesische Pöfferchen

500 g Weizenmehl	in eine Rührschüssel sieben, mit
1 Pck. Trockenhefe **30 g Zucker** **1 Pck. Vanillin-Zucker** **einige Tropfen Zitronen-Aroma** **1 gestr. TL Salz**	sorgfältig vermischen

100 g zerlassene, lauwarme Butter oder Margarine	
250 ml (1/4 l) lauwarme Milch	hinzufügen
	die Zutaten mit Handrührgerät mit Knethaken zuerst auf niedrigster, dann auf höchster Stufe in etwa 5 Minuten zu einem Teig verarbeiten, an einem warmen Ort so lange stehen lassen, bis er sich sichtbar vergrößert hat, ihn dann auf der höchsten Stufe nochmals gut durchkneten,
	mit 2 Teelöffeln Teigbällchen abstechen, schwimmend in siedendem
Ausbackfett (Speiseöl oder Kokosfett)	in einer Pöfferchen-Pfanne (eiserne Pfanne mit runden Vertiefungen) oder in einem Topf hellbraun backen.
Beigabe:	Zucker und Zimt, Kompott.

Kulleraugen

250 g Weizenmehl	mit
1 gestr. TL Backpulver	mischen, in eine Rührschüssel sieben
100 g Zucker	
1 Pck. Vanillin-Zucker	
etwas Salz	
3 Eigelb	
150 g kalte Margarine	hinzufügen
	die Zutaten mit Handrührgerät mit Knethaken zunächst kurz auf niedrigster, dann auf höchster Stufe gut durcharbeiten, anschließend auf der Arbeitsfläche zu einem glatten Teig verkneten, sollte er kleben, ihn eine Zeitlang kalt stellen,
	aus dem Teig daumendicke Rollen formen, in so große Stücke schneiden, daß sich daraus knapp walnußgroße Kugeln formen lassen
	jede Kugel zuerst mit der oberen Seite in
etwas Eiweiß	tauchen, dann in
etwa 50 g abgezogene, gehackte Mandeln	drücken, mit der Teigseite auf ein Backblech legen, mit einem Rührlöffelstiel in jede Kugel eine Vertiefung drücken, mit
etwas rotem Gelee	füllen
Ober-/Unterhitze	170–200 °C (vorgeheizt)
Heißluft	150–180 °C (nicht vorgeheizt)
Gas	Stufe 3–4 (vorgeheizt)
Backzeit	etwa 15 Minuten.

Schwarz-Weiß-Gebäck

(Foto Seite 109)

	Für den hellen Teig
250 g Weizenmehl	
1 gestr. TL Backpulver	mischen, in eine Rührschüssel sieben
150 g Zucker	
1 Pck. Vanillin-Zucker	
1 Fläschen Rum- oder Butter-Vanille-Aroma	
1 Ei	
125 g weiche Butter oder Margarine	hinzufügen die Zutaten mit Handrührgerät mit Knethaken kurz auf niedrigster, dann auf höchster Stufe gut durcharbeiten, anschließend auf der Arbeitsfläche zu einem glatten Teig verkneten, sollte er kleben, ihn eine Zeitlang kalt stellen.
	Für den dunklen Teig
20 g Kakao	mit
15 g Zucker	
1 EL Milch	verrühren, unter die Hälfte des Teiges kneten, die beiden Teige folgendermaßen zusammensetzen: für das Schneckenmuster den hellen und den dunklen Teig zu gleichmäßig großen Rechtecken ausrollen, eines dünn mit
Eiweiß	bestreichen, das zweite darauf legen, ebenfalls bestreichen, fest zusammenwickeln, für das Schachbrettmuster den hellen und den dunklen Teig etwa 1 cm dick ausrollen, aus dem hellen 5, aus dem dunklen 4 je 1 cm breite Streifen von gleicher Länge schneiden, mit Eiweiß bestreichen, abwechselnd je drei neben- und übereinanderlegen, in dünn ausgerollten Teig wickeln aus dem dunklen Teig eine 3 cm dicke Rolle formen, den hellen Teig ½ cm dick ausrollen, mit Eiweiß bestreichen, die dunkle Rolle darin einwickeln, aus dem dunklen Teig 2 cm dicke Rollen formen, die Rollen mit Eiweiß bestreichen, den hellen Teig ½ cm dick ausrollen, den dunklen Teig darin einwickeln, jeweils 3 Rollen zusammensetzen sämtliche Teigstangen eine Zeitlang kalt stellen, in gleichmäßige Scheiben schneiden, auf ein Backblech legen
Ober-/Unterhitze	175–200 °C (vorgeheizt)
Heißluft	150–180 °C (nicht vorgeheizt)
Gas	Stufe 3–4 (vorgeheizt)
Backzeit	10–15 Minuten.

Flockige Kokosmakronen, Rezept Seite 184; Haselnußmakronen, Rezept Seite 139

Bunte Lebkuchenplätzchen, Rezept Seite 142

Pflastersteine, Rezept Seite 142

Rumkugeln, Rezept Seite 143

Raspeli

3 Eiweiß	mit Handrührgerät mit Rührbesen auf höchster Stufe steif schlagen, der Schnee muß so fest sein, daß ein Messerschnitt sichtbar bleibt, nach und nach
200 g feinkörnigen Zucker	
1 Pck. Vanillin-Zucker	unterschlagen
30 g Kakaopulver	auf den Eierschnee sieben
150 g Kokosraspel	darüber geben, alles vorsichtig auf niedrigster Stufe unterheben, von dem Teig mit 2 Teelöffeln Häufchen auf ein mit Backpapier belegtes Backblech setzen
Ober-/Unterhitze	130–150 °C (vorgeheizt)
Heißluft	110–130 °C (nicht vorgeheizt)
Gas	Stufe 1–2 (nicht vorgeheizt)
Backzeit	etwa 25 Minuten.

Mandelstäbchen

(Foto Seite 110)

100 g gewürfeltes Orangeat (Sukkade)	fein hacken, mit
100 g abgezogenen, gem. Mandeln	
50 g Puderzucker	
1 Eiweiß	
2 Tropfen Bittermandel-Aroma	in einem Topf unter Rühren so lange erhitzen, bis die Masse glänzend ist, abkühlen lassen,
Puderzucker	auf die Arbeitsfläche sieben, darauf aus der Masse 2–3 Rollen formen, von den Rollen gleichmäßige Stücke abschneiden, diese zu etwa 5 cm langen, bleistiftdünnen Stäbchen formen.
	Für den Guß
30 g Kuvertüre	mit
etwas Kokosfett	in einem kleinen Topf im Wasserbad bei schwacher Hitze zu einer geschmeidigen Masse verrühren, die Enden der Stäbchen hineintauchen, auf Pergamentpapier trocknen lassen.

Zimttaler

300 g Weizenmehl	mit
1 gestr. TL Backpulver	mischen, in eine Rührschüssel sieben
75 g Puderzucker	
Salz, 1 Ei	
1 geh. TL gem. Zimt	hineingeben, mit einem Teil des Mehls zu einem dicken Brei verarbeiten
200 g kalte Butter	in Stücke schneiden, auf den Brei geben
100 g gem., geröstete	
Haselnußkerne	hinzufügen
	die Zutaten mit einem Handrührgerät mit Knethaken zunächst kurz auf niedrigster, dann auf höchster Stufe gut durcharbeiten, anschließend auf der Arbeitsfläche zu einem glatten Teig verkneten, sollte er kleben, ihn eine Zeitlang kalt stellen,
	den Teig etwa 3 mm dick ausrollen, mit einer runden Form (Ø etwa 4 cm) Plätzchen ausstechen, auf ein Backblech legen und in den vorgeheizten Backofen schieben
Ober-/Unterhitze	175–200 °C
Heißluft	160–180 °C
Gas	Stufe 3–4
Backzeit	etwa 10 Minuten.

Rondjes

50 g Zucker	unter Rühren so lange erhitzen, bis er gebräunt ist und ihn dann auf ein geöltes Stück Alufolie geben, nach dem Erkalten den Zucker fein zerdrücken.
175 g Butter	mit Handrührgerät mit Rührbesen auf höchster Stufe geschmeidig rühren, nach und nach
75 g Farinzucker	
1 TL Sirup	
1 EL Wasser	hinzufügen
250 g Weizenmehl	sieben, eßlöffelweise unterrühren, den zerdrückten Zucker unterkneten, aus dem Teig mit bemehlten Händen gut haselnußgroße Kugeln formen, nicht zu dick nebeneinander auf ein Backblech legen und flachdrücken.
Ober-/Unterhitze	180–200 °C (vorgeheizt)
Heißluft	160–180 °C (nicht vorgeheizt)
Gas	Stufe 3–4 (vorgeheizt)
Backzeit	etwa 10 Minuten.
	die Plätzchen sofort nach dem Backen, vom Backblech lösen, das Gebäck in einer gut schließenden Blechdose aufbewahren.

Spekulatius

(Foto Seite 111)

500 g Weizenmehl	mit
2 gestr. TL Backpulver	mischen, in eine Rührschüssel sieben
250 g Zucker 1 Pck. Vanillin-Zucker 2 Tropfen Bittermandel-Aroma je 2 Msp. gem. Kardamom und Nelken 1 gestr. TL gem. Zimt 2 Eier, 200 g kalte Butter 100 g abgezogene, gem. Mandeln, oder Haselnußkerne	hinzufügen, die Zutaten mit einem Handrührgerät mit Knethaken zunächst kurz auf niedrigster, dann auf höchster Stufe gut durcharbeiten, anschließend auf der Arbeitsfläche zu einem glatten Teig verkneten, sollte er kleben, ihn eine Zeitlang kalt stellen, den Teig dünn ausrollen, mit beliebigen Formen (vor allem Tierformen) ausstechen, auf ein Backblech legen, werden Holzmodel benutzt, den Teig in den gut bemehlten Model drücken, den überstehenden Teig abschneiden, die Spekulatiusstücke aus dem Model schlagen, das Backblech in den vorgeheizten Backofen schieben
Ober-/Unterhitze	175–200 °C
Heißluft	160–180 °C
Gas	Stufe 3–4
Backzeit	etwa 10 Minuten.

Busserl

2 Eiweiß	mit Handrührgerät mit Rührbesen auf höchster Stufe steif schlagen, der Schnee muß so fest sein, daß ein Messerschnitt sichtbar bleibt, nach und nach
100 g feinkörnigen Zucker	unterschlagen
1 gestr. EL Kakaopulver	auf den Eischnee sieben
50 g feingeschnittene Zartbitter-Schokolade	darüber geben, alles vorsichtig auf niedrigster Stufe unterheben, mit 2 Teelöffeln walnußgroße Häufchen auf ein mit Backpapier belegtes Backblech setzen
Ober-/Unterhitze	130–150 °C (vorgeheizt)
Heißluft	110–130 °C (nicht vorgeheizt)
Gas	Stufe 1–2 (vorgeheizt)
Backzeit	25–35 Minuten.

Zimt-Zucker-Plätzchen

250 g Weizenmehl	mit
50 g Speisestärke	
1 gestr. TL Backpulver	mischen, in eine Rührschüssel sieben
75 g Zucker	
1 Pck. Vanillin-Zucker	
2 EL Milch	
175 g weiche Butter oder Margarine	hinzufügen
	die Zutaten mit einem Handrührgerät mit Knethaken zunächst kurz auf niedrigster, dann auf höchster Stufe gut durcharbeiten, anschließend auf der Arbeitsfläche zu einem glatten Teig verkneten, sollte er kleben, ihn eine Zeitlang kalt stellen, gut die Hälfte des Teiges knapp 3 mm dick ausrollen, mit einer runden Form (Ø etwa 4 cm) Plätzchen ausstechen, auf ein gefettetes Backblech legen
1 Ei	verschlagen, die Teigplätzchen dünn damit bestreichen
25 g Zucker	mit
1 Msp. gem. Zimt	mischen, auf die Teigplätzchen streuen, den Rest des Teiges ebenfalls knapp 3 mm dick ausrollen, mit der gleichen Pläzchenform ausstechen, diese Teigplätzchen mit einer kleineren Form (Ø etwa 1 1/2 cm) so ausstechen, daß Ringe entstehen,
	jeweils einen Ring auf die bestreuten Plätzchen legen, mit verschlagenem Ei bestreichen, mit
etwa 50 g Hagelzucker	bestreuen
Ober-/Unterhitze	175–200 °C (vorgeheizt)
Heißluft	160–180 °C (vorgeheizt)
Gas	5 Minuten vorheizen Stufe 3–4, backen Stufe 3–4
Backzeit	etwa 10 Minuten.

Doppelt gefüllte Mürbchen

325 g Weizenmehl	mit
1 gestr. TL Backpulver	mischen, auf die Arbeitsfläche sieben, in die Mitte eine Vertiefung eindrücken
100 g Zucker	
1 Pck. Vanillin-Zucker	
1 Ei	hineingeben, mit einem Teil des Mehls zu einem dicken Brei verarbeiten
200 g kalte Butter	in Stücke schneiden, darauf geben, mit Mehl bedecken, von der Mitte aus alle Zutaten schnell zu einem glatten Teig verkneten, sollte er kleben, ihn eine Zeitlang kalt stellen

den Teig dünn ausrollen, mit einer runden, gezackten Form (Ø etwa 4 cm) Plätzchen ausstechen, die Hälfte davon noch einmal ausstechen (Ø etwa 1 cm), so daß Ringe entstehen,
Plätzchen und Ringe auf ein Backblech legen, in den vorgeheizten Backofen schieben

Ober-/Unterhitze 175–200 °C
Heißluft 160–180 °C
Gas Stufe 3–4
Backzeit 8–10 Minuten

die erkalteten Plätzchen auf der Unterseite mit
Ananas-Konfitüre (durch ein Sieb gestrichen)
bestreichen, die Ringe mit der Unterseite darauf legen

75 g zartbittere Schokolade in Stücke brechen, mit
etwas Kokosfett in einem kleinen Topf im Wasserbad bei schwacher Hitze zu einer geschmeidgen Masse verrühren, die Plätzchen in der Mitte damit füllen.

Walnußplätzchen

100 g Butter oder Margarine geschmeidig rühren, nach und nach
100 g Zucker
1 Pck. Vanillin-Zucker
4 EL Milch hinzugeben
200 g Weizenmehl mit
1 gestr. TL Backpulver mischen, sieben, zwei Drittel davon eßlöffelweise unterrühren, den Rest des Mehls mit
50 g kleingeschnittener Blockschokolade
50 g gehackten Walnußkernen unterkneten, sollte der Teig kleben, ihn eine Zeitlang kalt stellen,
gut haselnußgroße Kugeln formen, leicht flachdrücken, auf ein gefettetes Backblech legen, in den Backofen schieben

Ober-/Unterhitze 170–200 °C (vorgeheizt)
Heißluft 150–170 °C (nicht vorgeheizt)
Gas Stufe 3–4 (vorgeheizt)
Backzeit etwa 10 Minuten

100 g halbbittere Kuvertüre in einem kleine Topf im Wasserbad glattrühren, die erkalteten Plätzchen knapp zur Hälfte hineintauchen.

Kirschrosetten

300 g Weizenmehl	auf die Arbeitsfläche sieben, in die Mitte eine Vertiefung eindrücken
100 g gesiebten Puderzucker	
2 Pck. Vanillin-Zucker	
2 Eigelb	
Salz	
abgeriebene Schale von 1 Zitrone (unbehandelt)	hineingeben, mit einem Teil des Mehls zu einem dicken Brei verarbeiten
200 g kalte Butter	in Stücke schneiden, auf den Brei geben, mit Mehl bedecken, von der Mitte aus alle Zutaten schnell zu einem glatten Teig verkneten, sollte er kleben, ihn eine Zeitlang kalt stellen, den Teig etwa 3 mm dick ausrollen, mit einer rosettenartigen Form ausstechen, auf ein Backblech legen, mit
Kondensmilch	bestreichen
Belegkirschen	halbieren, jeweils eine Hälfte in die Mitte legen, in den vorgeheizten Backofen schieben
Ober-/Unterhitze	175–200 °C
Heißluft	150–180 °C
Gas	Stufe 3–4
Backzeit	etwa 10 Minuten.

Nuß-Marzipantaler

(Foto Seite 112)

150 g Weizenmehl	mit
1/2 gestr. TL Backpulver	mischen, auf die Arbeitsfläche sieben, in die Mitte eine Vertiefung eindrücken
75 g Zucker	
1 Pck. Vanillin-Zucker	
2 EL Wasser	hineingeben, mit einem Teil des Mehls zu einem dicken Brei verarbeiten
125 g kalte Butter	in Stücke schneiden, auf den Brei geben, mit
150 g gemahlenen Haselnußkernen	bedecken, von der Mitte aus alle Zutaten schnell zu einem glatten Teig verkneten, sollte er kleben, ihn eine Zeitlang kalt stellen, den Teig etwa 2 mm dick ausrollen, mit einer runden Form (Ø etwa 4 cm) ausstechen, auf ein Backblech legen, in den vorgeheizten Backofen schieben

Ober-/Unterhitze	175–200 °C
Heißluft	150–180 °C
Gas	Stufe 3–4
Backzeit	8–10 Minuten.
	Für den Belag
200 g Marzipan-Rohmasse	mit
100 g gesiebtem Puderzucker	gut verkneten, dünn auf
gesiebtem Puderzucker	ausrollen, Plätzchen in der Größe der Teigplätzchen ausstechen, die Teigplätzchen nach dem Erkalten dünn mit
Johannisbeergelee	bestreichen, die Marzipan-Plätzchen darauf setzen
75 g Puderzucker	sieben, mit
2 EL Rum oder Zitronensaft	zu einer dünnflüssigen Masse verrühren die Oberfläche der Plätzchen dünn mit dem Guß bestreichen, mit
feingehackten Haselnußkernen, Pistazienkernen oder kandierten Kirschenhälften	garnieren.

Haselnußmakronen

(Foto Seite 129)

4 Eiweiß	mit einem Handrührgerät mit Rührbesen auf höchster Stufe steif schlagen, es muß so fest sein, daß ein Messerschnitt sichtbar bleibt, nach und nach
200 g feinkörnigen Zucker **1 Msp. gem. Zimt** **4 Tropfen Bittermandel-Aroma**	unterrühren
200 g Haselnußkerne	in Scheiben schneiden, mit
150 g gem. Haselnußkernen	vorsichtig unter den Eierschnee heben (nicht rühren) von dem Teig mit 2 Teelöffeln Häufchen auf ein gefettetes Backblech setzen
Ober-/Unterhitze	130–150 (vorgeheizt)
Heißluft	110–130 °C (nicht vorgeheizt)
Gas	Stufe 1–2 (nicht vorgeheizt)
Backzeit	20–25 Minuten.

Nußsterne

150 g Weizenmehl	mit
1 Msp. Backpulver	mischen, in eine Rührschüssel sieben
150 g Zucker	
1 Pck. Vanillin-Zucker	
150 g weiche Butter oder Margarine	
150 gem. Haselnußkernen	hinzufügen,
	die Zutaten mit einem Handrührgerät mit Knethaken zunächst kurz auf niedrigster, dann auf höchster Stufe gut durcharbeiten, anschließend auf der Arbeitsfläche zu einem glatten Teig verkneten, sollte er kleben, ihn eine Zeitlang kalt stellen, den Teig dünn ausrollen, Sterne ausstechen, auf ein gefettetes Backblech legen
Ober-/Unterhitze	175–200 °C (vorgeheizt)
Heißluft	160–180 °C (vorgeheizt)
Gas	5 Minuten vorheizen Stufe 3–4, backen Stufe 3–4
Backzeit	etwa 10 Minuten
	die Hälfte der erkalteten Plätzchen mit
3 EL rotem Gelee	bestreichen, die übrigen darauflegen
200 g Haselnußglasur	nach Packungsanleitung auflösen, die Plätzchen damit bestreichen, sofort mit
abgezogenen, halbierten Mandeln	
halbierten Haselnußkernen	garnieren.

Pfeffernüsse mit Guß

500 g Weizenmehl	mit
3 gestr. TL Backpulver	mischen, in eine Rührschüssel sieben
325 g Zucker	
½ Fläschchen Zitronen-Aroma	
je 1 Msp. gem. Ingwer, gem. Kardamom, gem. Nelken, gem. weißen Pfeffer	
1 schwach geh. EL gem. Zimt	
2 Eier	
6 EL Milch oder Wasser	
50 g gem. Mandeln	

50 g gewürfeltes Zitronat (Sukkade)	hinzufügen, die Zutaten mit einem Handrührgerät mit Knethaken zunächst kurz auf niedrigster, dann auf höchster Stufe gut durcharbeiten, anschließend auf der Arbeitsfläche zu einem glatten Teig verkneten, sollte er kleben, noch etwas Mehl hinzugeben, den Teig gut 1 cm dick ausrollen, mit einer runden Form (Ø etwa 2½ cm) ausstechen, auf ein gefettetes Backblech legen
Ober-/Unterhitze	175–200 °C (vorgeheizt)
Heißluft	160–180 °C (vorgeheizt)
Gas	5 Minuten vorheizen Stufe 3–4, backen Stufe 3–4
Backzeit	etwa 15 Minuten
400 g Puderzucker	sieben, mit
etwa 6 EL heißem Wasser	glattrühren, so daß eine dickflüssige Masse entsteht, die erkalteten Pfeffernüsse damit überziehen, sollten sie hart sein, sie einige Tage offen an der Luft stehenlassen, dann in gut schließenden Blechdosen aufbewahren.

Wundernüßchen

2 Eiweiß	mit einem Handrührgerät mit Rührbesen auf höchster Stufe steif schlagen, es muß so fest sein, daß ein Messerschnitt sichtbar bleibt, nach und nach
75 g Zucker 1 Pck. Vanillin-Zucker	unterrühren
2 Tropfen Bittermandel-Aroma	hinzugeben
175 g gem. Haselnußkerne	vorsichtig unter den Eierschnee heben (nicht rühren), den Teig mit in Wasser getauchten Händen zu knapp walnußgroßen Kugeln formen, auf ein mit Pergamentpapier belegtes Backblech legen, mit einem in Wasser getauchten Backöl-Fläschchen in jede Kugel eine Vertiefung eindrücken
Ober-/Unterhitze	175–200 °C (vorgeheizt)
Heißluft	160–180 °C (vorgeheizt)
Gas	Stufe 2–3 (nicht vorgeheizt)
Backzeit	etwa 15 Minuten die Plätzchen nach dem Erkalten sofort in einer gut schließenden Dose aufbewahren, vor dem Verzehr nach Belieben mit verschiedenen Sorten
Konfitüre oder Gelee	füllen.

Bunte Lebkuchenplätzchen

(Foto Seite 130)

3 Eier, 125 g Zucker	mit einem Handrührgerät mit Rührbesen auf höchster Stufe schaumig schlagen
abgeriebene Schale von 1 Zitrone (unbehandelt)	
1 EL Rum	unterrühren
200-225 g Weizenmehl	mit
2 gestr. TL Backpulver	
1 Pck. Lebkuchen-Gewürz	
1 gestr. TL gem. Zimt	mischen, darüber sieben, alles auf mittlerer Stufe zu einem glatten Teig verarbeiten
je 40 g feingehacktes Zitronat (Sukkade) und Orangeat	
30 g abgezogene, gehackte Mandeln	unterkneten , den Teig 6–7 mm dick ausrollen, in etwa 5 cm große Rhomben schneiden, auf ein mit Backpapier belegtes Backblech legen, in den vorgeheizten Backofen schieben
Ober-/Unterhitze	180–200 °C
Heißluft	160–180 °C
Gas	Stufe 3–4
Backzeit	15–20 Minuten
50 g Kartoffelmehl	in eine heiße Pfanne geben, unter Rühren bräunen lassen
375 ml (3/8 l) kaltes Wasser	hinzugießen, unter Rühren zum Kochen bringen, durch ein feines Sieb rühren, wieder zum Kochen bringen, etwas einkochen lassen, mit
etwas Zucker	süßen, die Lebkuchenplätzchen sofort nach dem Backen mit der Glasur bestreichen
20–22 abgezogene Mandeln, 10–11 Belegkirschen (rot und grün)	beide Zutaten halbieren, die Plätzchen damit verzieren, noch etwa 1 Minuten in den heißen Backofen geben.

Pflastersteine

(Foto Seite 131)

250 g Honig oder Sirup	mit
100 g Zucker	
50 g Butter, Margarine oder Schweineschmalz	

1 EL Wasser	langsam erwärmen, zerlassen, in eine Rührschüssel geben, kalt stellen, unter die fast erkaltete Masse mit Handrührgerät mit Rührbesen auf höchster Stufe
1 Ei	
1 gestr. TL gem. Zimt	
2 Tropfen Bittermandel-Aroma	
3 Tr. Zitronen-Aroma	rühren
500 g Weizenmehl	mit
4 gestr. TL Backpulver	mischen, sieben, 2/3 davon eßlöffelweise auf mittlerer Stufe unterrühren, den Rest des Mehls mit
50 g abgezogenen, gehackten Mandeln	
25 g gewürfeltem Zitronat (Sukkade)	auf der Arbeitsfläche unter den Teigbrei kneten, sollte der Teig kleben, noch etwas Mehl hinzugeben, daumendicke Rollen formen, diese in so große Stücke schneiden, daß sich daraus etwa kirschgroße Kugeln formen lassen, etwas flachdrücken, auf der Oberseite mit
Milch	bestreichen, in
Hagelzucker	drücken, auf ein gefettetes Backblech legen
Ober-/Unterhitze	170–200 °C (vorgeheizt)
Heißluft	150–180 °C (nicht vorgeheizt)
Gas	Stufe 3–4 (vorgeheizt)
Backzeit	10–20 Minuten
	die Pflastersteine einige Tage an der Luft stehen lassen, damit sie weich werden.

Rumkugeln

(Foto Seite 132)

Etwa 500 g Biskuitteigbödenreste	zerkrümeln, in eine Rührschüssel geben
4 EL Rum	
250 ml (1/4 l) Wasser	mischen, die Biskuitkrümel damit beträufeln
125 g Kokosfett	zerlassen, abkühlen lassen
65 g Puderzucker	
20 g Back-Kakao	in eine Rührschüssel sieben
1 Pck. Vanillin-Zucker	
1 Fl. Rum-Aroma	hinzufügen
1 Ei	und nach und nach das Kokosfett unterrühren, die Masse unter die Biskuitkrümel rühren, etwa 15 Kugeln daraus formen, in
etwa 75 g Schokoladenstreuseln	wälzen, kalt stellen, damit sie fest werden.

Johannistaler

250 g Weizenmehl	mit
2 gestr. TL Backpulver	mischen, in eine Rührschüssel sieben
100 g Zucker	
1 Pck. Vanillin-Zucker	
1 Ei	
125 g weiche Butter	
oder Margarine	hinzufügen, die Zutaten mit einem Handrührgerät mit Knethaken zunächst kurz auf niedrigster, dann auf höchster Stufe gut durcharbeiten, anschließend auf der Arbeitsfläche zu einem glatten Teig verkneten, sollte er kleben, ihn eine Zeitlang kalt stellen, den Teig dünn ausrollen, mit einer runden Form (Ø etwa 5 cm) Plätzchen ausstechen, die Hälfte davon nochmals ausstechen (Ø 2 cm), so daß Ringe entstehen Plätzchen und Ringe auf ein Backblech legen, in den vorgeheizten Backofen schieben
Ober-/Unterhitze	175–200 °C
Heißluft	160–180 °C (vorgeheizt)
Gas	Stufe 3–4
Backzeit	6–8 Minuten das Gebäck erkalten lassen
200 g gesiebten	
Puderzucker	mit
1 EL Rum	
2–3 EL Wasser	zu einer dickflüssigen Masse verrühren
100 g Puderzucker	mit
etwa 1 EL Kakao	sieben, mit
etwa 1 EL Wasser	
oder Weinbrand	zu einer dickflüssigen Masse verrühren, in ein Pergamentpapiertütchen füllen, vor dem Zusammensetzen jeweils 1 Ringplätzchen mit hellem Guß bestreichen, sofort mit dem braunen Guß einen Ring darauf spritzen, mit einem nassen Messer mehrere Male vom Rand aus zur Mitte (nach Belieben auch entgegengesetzt) leicht durch den Guß ziehen, jeweils 1 Plätzchen auf der Unterseite mit
rotem Johannisbeergelee	bestreichen, den Ring darauf legen.

Mandelmakronen

(Foto Seite 149)

2 Eiweiß	mit Handrührgerät mit Rührbesen auf höchster Stufe steif schlagen, der Schnee muß so fest sein, daß ein Messerschnitt sichtbar bleibt, nach und nach

100 g feinkörnigen Zucker	
1 Msp. gem. Zimt	
2 Tropfen Bittermandel-Aroma	unterschlagen
100 g abgezogene, gem. Mandeln,	
75 g abgezogene, gehackte Mandeln	beide Zutaten vorsichtig auf niedrigster Stufe unterheben von dem Teig mit 2 Teelöffeln Häufchen auf ein mit Backpapier belegtes Backblech setzen
Ober-/Unterhitze	130–150 °C (vorgeheizt)
Heißluft	110–120 °C (nicht vorgeheizt)
Gas	Stufe 1–2 (nicht vorgeheizt)
Backzeit	30–35 Minuten.

Zimtknusperchen

(Foto Seite 150)

2 Eier	mit
200 g grobkörnigem Zucker	mit Handrührgerät mit Rührbesen auf höchster Stufe in 1–1½ Minuten schaumig rühren
3 schwach geh. TL gem. Zimt	mit
1 Msp. gem. Nelken oder gem. Piment	
65 g feingehacktem Zitronat (Sukkade)	
75–100 g abgezogenen, gem. Mandeln	unterrühren
250 g Weizenmehl	mit
2½ gestr. TL Backpulver	mischen, sieben, eßlöffelweise auf mittlerer Stufe unterrühren, den Teig knapp 3 mm dick ausrollen, in Rechtecke (etwa 3 x 5 cm) schneiden oder rädern, die Rechtecke auf ein mit Backpapier belegtes Backblech legen
1 kleines Ei	verschlagen, die Teigrechtecke damit bestreichen, mit
75–100 g abgezogenen, halbierten Mandeln	belegen
Ober-/Unterhitze	170–200 °C (vorgeheizt)
Heißluft	160–170 °C (nicht vorgeheizt)
Gas	Stufe 3–4 (vorgeheizt)
Backzeit	12–15 Minuten
	die erkalteten Zimtknusperchen in gut schließende Dosen geben, etwa 10 Tage lang durchziehen lassen.

Orangenplätzchen

175 g weiche Butter	mit Handrührgerät mit Rührbesen auf höchster Stufe geschmeidig rühren, nach und nach
100 g Zucker	
1 Pck. Vanillin-Zucker	
Salz	
1 Fläschchen Zitronen-Aroma	unterrühren, so lange rühren, bis eine gebundene Masse entstanden ist
1 Ei	unterrühren
300 g Weizenmehl	sieben, eßlöffelweise auf mittlerer Stufe unterrühren, den Teig auf der Arbeitsfläche kurz durchkneten, ihn einige Zeit kalt stellen, den Teig knapp 1/2 cm dick ausrollen, mit einer runden Form (Ø etwa 4 cm) ausstechen, auf ein gefettetes Backblech legen
Ober-/Unterhitze	170–200 °C (vorgeheizt)
Heißluft	150–180 °C (nicht vorgeheizt)
Gas	Stufe 3–4 (vorgeheizt)
Backzeit	10–15 Minuten
175 g Puderzucker	sieben, mit
4–5 EL Orangenlikör oder Zitronensaft	glattrühren, so daß eine dickflüssige Masse entsteht, die erkalteten Plätzchen damit bestreichen
kandierte Orangenscheiben	in Stücke schneiden, die Plätzchen damit garnieren.

Zimt-Baiser-Plätzchen

125 g Weizenmehl	in eine Rührschüssel sieben
2 Eigelb	
50 g Zucker	
1 Pck. Vanillin-Zucker	
65 g weiche Butter oder Margarine	hinzufügen die Zutaten mit Handrührgerät mit Knethaken zunächst kurz auf niedrigster, dann auf höchster Stufe gut durcharbeiten, anschließend auf der Arbeitsfläche zu einem glatten Teig verkneten, evtl. kalt stellen den Teig etwa 2 mm dick ausrollen, mit einer runden Form (Ø 3–4 cm) ausstechen, auf ein gefettetes Backblech legen.
	Für die Baisermasse
2 Eiweiß	mit
100 g Zucker	

1 TL gem. Zimt	verrühren, im Wasserbad so lange schlagen, bis der Eischnee schnittfest ist
100 g abgezogene, gem. Mandeln	unterheben auf jedes Plätzchen knapp 1 Teelöffel der Baisermasse streichen
kandierte Kirschen	halbieren, die Plätzchen jeweils mit einer halben Kirsche garnieren
Ober-/Unterhitze	170–200 °C (vorgeheizt)
Heißluft	150–180 °C (nicht vorgeheizt)
Gas	Stufe 3–4 (vorgeheizt)
Backzeit	etwa 10 Minuten.

Bunte Weihnachtsengel

250 g Weizenmehl	mit
1 gestr. TL Backpulver	mischen, in eine Rührschüssel sieben
75 g Zucker	
1 Pck. Vanillin-Zucker	
1/2 Fläschchen Rum-Aroma	
je 1 Msp. gem. Kardamom, gem. Zimt	
1 Ei	
75 g weiche Butter	hinzufügen, die Zutaten mit einem Handrührgerät mit Knethaken zunächst kurz auf niedrigster, dann auf höchster Stufe gut durcharbeiten, anschließend auf der Arbeitsfläche zu einem glatten Teig verkneten, sollte er kleben, ihn eine Zeitlang kalt stellen, den Teig knapp 1/2 cm dick ausrollen, Figuren (am besten nach einer Papierschablone) ausschneiden, auf ein gefettetes Backblech legen, in den vorgeheizten Backofen schieben
Ober/Unterhitze:	175–200 °C
Heißluft	160–180 °C
Gas	Stufe 3–4
Backzeit	etwa 10 Minuten.
	Für den Guß nach Belieben
gesiebten Puderzucker	mit so viel
Eiweiß	verrühren, daß eine dickflüssige Masse entsteht einen Teil davon mit
Eigelb	
aufgelöster grüner und roter Götterspeise	
Instant-Kaffee	färben die Engel mit dem Guß verzieren.

Nuß- oder Kokosecken

(Foto Seite 151)

150 g Weizenmehl	mit
1/2 gestr. TL Backpulver	mischen, in einen Rührschüssel sieben
65 g Zucker	
1 Pck. Vanillin-Zucker	
1 Ei	
65 g weiche Butter	
oder Margarine	hinzufügen
	die Zutaten mit Handrührgerät mit Knethaken zunächst kurz auf niedrigster, dann auf höchster Stufe gut durcharbeiten, anschließend auf der Arbeitsfläche zu einem glatten Teig verkneten, sollte er kleben, ihn eine Zeitlang kalt stellen
	den Teig zu einem Rechteck von etwa 32 x 24 cm auf einem gefetteten Backblech ausrollen, mit
2 EL Aprikosen-Konfitüre	bestreichen.
	Für den Belag
100 g Butter	
oder Margarine	mit
100 g Zucker	
1 Pck. Vanillin-Zucker	
2 EL Wasser	langsam erwärmen, zerlassen
75 g gem. Haselnußkerne	
125 g gehobelte Haselnußkerne oder	
200 g Kokosraspel	unterrühren, kurz aufkochen, etwas abkühlen lassen, gleichmäßig auf den Teig verteilen, vor den Teig ein mehrfach umgeknicktes Stück Alufolie legen
Ober-/Unterhitze	170–200 °C (vorgeheizt)
Heißluft	150–180 °C (nicht vorgeheizt)
Gas	Stufe 3–4 (vorgeheizt)
Backzeit	20–30 Minuten
	das Gebäck abkühlen lassen, in Vierecke (8 x 8 cm) schneiden, diese so in Hälften teilen, daß Dreiecke entstehen.
	Für den Guß
50 g Halbbitter-Kuvertüre	in einem kleinen Topf im Wasserbad bei schwacher Hitze zu einer geschmeidigen Masse verrühren, die beiden spitzen Ecken damit bestreichen.

Mandelmakronen, Rezept Seite 144

Zimtknusperchen, Rezept Seite 145

Nuß- oder Kokosecken, Rezept Seite 148

Walnuß-Aprikosen-Konfekt, Rezept Seite 162

Kokosplätzchen, Rezept Seite 164

Gewürzmürbchen, Rezept Seite 168

Friesenkekse, Rezept Seite 177

Mailänder Kekse, Rezept Seite 182

Marzipanwürfel

150 g Weizenmehl	mit
1/2 gestr. TL Backpulver	mischen, auf die Arbeitsfläche sieben, in die Mitte eine Vertiefung eindrücken
65 g Zucker	
1 Pck. Vanillin-Zucker	
1 Ei	(die Hälfte des Eiweißes zurücklassen) hineingeben, mit einem Teil des Mehls zu einem dicken Brei verarbeiten,
65 g kalte Butter	in Stücke schneiden, auf den Brei geben, mit Mehl bedecken, von der Mitte aus alle Zutaten schnell zu einem glatten Teig verkneten, sollte er kleben, ihn eine Zeitlang kalt stellen,
	den Teig in der Größe von 25 x 25 cm auf einem Backblech ausrollen, mehrmals mit einer Gabel einstechen, in den vorgeheizten Backofen schieben, nur hellgelb backen
Ober-/Unterhitze	175–200 °C
Heißluft	160–180 °C
Gas	Stufe 3–4
Backzeit	10–15 Minuten
etwa 100 g Aprikosen-Konfitüre	durch ein Sieb streichen, die gut ausgekühlte Gebäckplatte damit bestreichen
100 g Puderzucker	sieben, mit
200 g Marzipan-Rohmasse	verkneten, auf
gesiebtem Puderzucker	in der Größe von 25 x 25 cm ausrollen
	die Marzipanplatte auf die Gebäckplatte legen, gut andrücken mit einem Messerrücken oder kleinen Förmchen Verzierungen eindrücken,
	die obere Seite mit dem zurückgelassenen Eiweiß leicht bestreichen, das Backblech auf die oberste Schiene in den vorgeheizten Backofen schieben, leicht überbacken
Ober-/Unterhitze	etwa 250 °C
Heißluft	etwa 220 °C
Gas	etwa Stufe 8
Backzeit	etwa 5 Minuten
	das Gebäck erkalten lassen, in Würfel schneiden,
etwa 200 g dunkle Kuvertüre	in einem kleinen Topf im Wasserbad bei schwacher Hitze zu einer geschmeidigen Masse verrühren, die Marzipanwürfel bis zur Hälfte hineintauchen.

Zimtstangen

(Foto Seite 112)

250 g Weizenmehl	auf die Arbeitsfläche sieben, in die Mitte eine Vertiefung eindrücken
75 g Zucker	
1 Pck. Vanillin-Zucker	
½ Fläschchen Rum-Aroma	
1 gestr. EL gem. Zimt	
1 Eigelb	hineingeben, mit einem Teil des Mehls zu einem dicken Brei verarbeiten
125 g kalte Butter	in Stücke schneiden, auf den Brei geben, mit Mehl bedecken, von der Mitte aus alle Zutaten schnell zu einem glatten Teig verkneten, sollte er kleben, ihn eine Zeitlang kalt stellen, den Teig dünn ausrollen, Stangen von gut 2 x 6 cm schneiden, auf ein gefettetes Backblech legen
1 Eiweiß	zu fast steifem Schnee schlagen, die Stangen damit bestreichen, mit
Zucker	bestreuen, sollte der Eierschnee nicht reichen, die restlichen Stangen mit
Kondensmilch	bestreichen, mit
Zucker	
abgezogenen, gehobelten Mandeln	bestreuen, in den vorgeheizten Backofen schieben
Ober-/Unterhitze	175–200 °C
Heißluft	160–180 °C
Gas	Stufe 3–4
Backzeit	etwa 10 Minuten.

Nikolausstiefel

125 g Honig	mit
50 g Zucker	
1 Pck. Vanillin-Zucker	
60 g Butter	langsam erwärmen, zerlassen, in eine Rührschüssel geben, kalt stellen, unter die fast erkaltete Masse mit Handrührgerät mit Rührbesen
1 Eigelb	
je 1 Msp. gem. Zimt und gem. Nelken	rühren
250 g Weizenmehl	mit

2 gestr. TL Backpulver	
1 gestr. TL Kakao	mischen, sieben, $^{2}/_{3}$ davon eßlöffelweise auf mittlerer Stufe unterrühren, den Rest des Mehls auf der Arbeitsfläche unterkneten,
	den Teig gut $^{1}/_{2}$ cm dick ausrollen, Stiefel von gewünschter Größe (am besten nach Papierschablone) ausschneiden, aus dem restlichen Teig Plätzchen ausstechen,
	die Teigstücke auf ein gefettetes Backblech legen
Ober-/Unterhitze	170–200 °C (vorgeheizt)
Heißluft	150–180 °C (nicht vorgeheizt)
Gas	Stufe 3–4 (vorgeheizt)
Backzeit	etwa 15 Minuten
100 g Puderzucker	sieben, mit so viel
Eiweiß	verrühren, daß eine spritzfähige Masse entsteht
	die Stiefel mit dem Guß verzieren, mit
Gebäck-Schmuck	
Belegkirschen	
abgezogenen	
halbierten Mandeln	garnieren,
	die Plätzchen ebenfalls verzieren und garnieren.

Quarkwaffeln mit Rosinen

125 g Butter	
oder Margarine	mit einem Handrührgerät mit Rührbesen auf höchster Stufe in etwa $^{1}/_{2}$ Minute geschmeidig rühren, nach und nach
100 g Zucker	
1 Pck. Vanillin-Zucker	unterrühren, so lange rühren, bis eine gebundene Masse entstanden ist
3 Eier	nach und nach unterrühren (jedes Ei etwa $^{1}/_{2}$ Minute)
abgeriebene Schale	
von $^{1}/_{2}$ Zitrone	
(unbehandelt)	
125 g Speisequark	unterrühren
200 g Weizenmehl	mit
$1^{1}/_{2}$ gestr. TL Backpulver	mischen, sieben, abwechselnd mit
6 EL Milch	unterrühren
50-75 g Rosinen	unterheben,
	den Teig in nicht zu großen Portionen in ein gut erhitztes, gefettetes Waffeleisen füllen, von beiden Seiten goldbraun backen,
	die Waffeln einzeln auf einem Kuchenrost erkalten lassen, mit
Puderzucker	bestäuben, möglichst sofort verzehren.

Orangen-Schoko-Plätzchen

200 g Weizenmehl	mit
60 g Speisestärke	
1 gestr. TL Backpulver	mischen, in eine Rührschüssel sieben
100 g Zucker	
1 Pck. Vanillin-Zucker	
abgeriebene Schale von 1 Orange (unbehandelt)	
1 Ei	
125 g weiche Butter oder Margarine	hinzufügen
100 g zartbittere Schokolade	in kleine Stücke schneiden, auf den Brei geben, die Zutaten mit einem Handrührgerät mit Knethaken zunächst kurz auf niedrigster, dann auf höchster Stufe gut durcharbeiten, anschließend auf der Arbeitsfläche zu einem glatten Teig verkneten, aus dem Teig etwa 3 cm dicke Rollen formen, breitdrücken, so daß die Teigstreifen etwa 5 cm breit und gut 1 cm hoch sind, kalt stellen, bis der Teig hart geworden ist, ihn dann mit einem scharfen Messer in knapp 1/2 cm dicke Scheiben schneiden, auf ein Backblech legen, in den vorgeheizten Backofen schieben
Ober-/Unterhitze	175–200 °C
Heißluft	160–180 °C
Gas	Stufe 3–4
Backzeit	etwa 10 Minuten.

Vanillekipferl

250 g Weizenmehl	mit
1 Msp. Backpulver	mischen, in eine Rührschüssel sieben
125 g Zucker	
1 Pck. Vanillin-Zucker	
3 Eigelb	
200 g weiche Butter	
125 g abgezogene, gemahlene Mandeln	hinzufügen, die Zutaten mit Handrührgerät mit Knethaken zunächst kurz auf niedrigster, dann auf höchster Stufe gut durcharbeiten, anschließend auf der Arbeitsfläche zu einem

	glatten Teig verkneten, sollte er kleben, ihn eine Zeitlang kalt stellen
	aus dem Teig daumendicke Rollen formen, gut 2 cm lange Stücke davon abschneiden, diese zu etwa 5 cm langen Rollen formen, die Enden etwas dünner rollen, als Hörnchen auf ein Backblech legen
Ober-/Unterhitze	175–200 °C (vorgeheizt)
Heißluft	160–170 °C (nicht vorgeheizt)
Gas	Stufe 3–4 (vorgeheizt)
Backzeit	etwa 10 Minuten
etwa 50 g Puderzucker	sieben, mit
1 Pck. Vanillin-Zucker	mischen, die heißen Kipferl damit bestäuben.

Sterntaler

250 g Weizenmehl	auf die Arbeitsfläche sieben, in die Mitte eine Vertiefung eindrücken
50 g gesiebten Puderzucker	
1 Pck. Vanillin-Zucker	
abgeriebene Schale von ½ Zitrone (unbehandelt)	
1 EL Zitronensaft	hineingeben
175 g kalte Butter	in Stücke schneiden, darauf geben, mit Mehl bedecken, von der Mitte aus alle Zutaten schnell zu einem glatten Teig verkneten, sollte er kleben, ihn eine Zeitlang kalt stellen,
	den Teig etwa 3 mm dick ausrollen, Sterne ausstechen, auf ein gefettetes Backblech legen, in den vorgeheizten Backofen schieben
Ober-/Unterhitze	175–200 °C
Heißluft	160–180 °C
Gas	Stufe 3–4
Backzeit	etwa 8 Minuten
175 g Puderzucker	sieben, mit
etwa 3 EL Zitronensaft	glattrühren, so daß eine dickflüssige Masse entsteht, die erkalteten Plätzchen damit bestreichen, mit
etwa 20 g gehackten Pistazienkernen	bestreuen.

Mohnkränzchen

175 g Butter oder Margarine	mit einem elektrischen Handrührgerät mit Rührbesen auf höchster Stufe in etwa 1/2 Minute geschmeidig rühren, nach und nach
100 g Zucker 1 Pck. Vanillin-Zucker	unterrühren, so lange rühren, bis eine gebundene Masse entstanden ist
1 Ei	hinzugeben
175 g Weizenmehl	mit
75 g Speisestärke	mischen, sieben, eßlöffelweise auf mittlerer Stufe unterrühren mit
100 g gem. Mohn	eßlöffelweise unterrühren, den Teig in einen Spritzbeutel mit gezackter Tülle füllen, Ringe (Ø etwa 4 cm) auf ein Backblech spritzen, die Form auf dem Rost in den vorgeheizten Backofen schieben
Ober-/Unterhitze	175–200 °C
Heißluft	160–180 °C
Gas	Stufe 3–4
Backzeit	etwa 10 Minuten.

Walnuß-Aprikosen-Konfekt

(Foto Seite 152)

125 g getrocknete Aprikosen	in sehr kleine Stücke schneiden, mit
3 EL Aprikot Brandy	übergießen, zugedeckt etwa 2 Stunden stehen lassen
200 g Marzipan-Rohmasse	hinzufügen, mit Handrührgerät mit Rührbesen gut verrühren
100 g gesiebten Puderzucker	unterkneten, aus der Masse etwa 2 cm dicke Rollen formen, in etwa 1/2 cm dicke Scheiben schneiden
100 g Kuvertüre	in kleine Stücke schneiden, in einem kleinen Topf im Wasserbad bei schwacher Hitze geschmeidig rühren, jedes Marzipanstückchen hineintauchen, auf Pergamentpapier setzen, evtl. nochmals umsetzen, damit das Konfekt keine „Füßchen" bekommt, mit
100 g Walnuß-kernhälften	garnieren, das Konfekt möglichst in kleine Papiermanschetten setzen, in gut schließenden Dosen aufbewahren.

Mandelspekulatius

(Foto Seite 112)

250 g Weizenmehl	mit
1 Msp. Backpulver	mischen, auf die Tischplatte sieben, in die Mitte eine Vertiefung eindrücken
125 g Zucker **1 Päckchen Vanillin-Zucker** **1/2 Fläschchen Rum-Aroma** **1 gut gehäuften TL gem. Zimt** **1/2 gestr. TL gem. Nelken** **1/2 gestr. TL gem. Kardamom** **1 Msp. gem. Muskatblüte**	
1 Ei	hineingeben, mit einem Teil des Mehls zu einem dicken Brei verarbeiten
75 g kalte Butter	in Stücke schneiden, auf den Brei geben, mit
75 g abgezogenen, gemahlenen Mandeln	bedecken, von der Mitte aus alle Zutaten schnell zu einem glatten Teig verkneten, sollte er kleben, ihn eine Zeitlang kalt stellen die Tischplatte dicht mit
etwa 50 g abgezogenen, gehobelten Mandeln	bestreuen, den Teig dünn darauf ausrollen, mit beliebigen Formen (vor allem Tierformen) ausstechen, auf ein gefettetes Backblech legen, in den vorgeheizten Backofen schieben
Ober-/Unterhitze	175–200 °C
Heißluft	160–180 °C
Gas	Stufe 3–4
Backzeit	etwa 10 Minuten.

Haferflockenplätzchen

75 g Butter	zerlassen
125 g grobe Haferflocken	unter Rühren leicht darin bräunen 1 Eßlöffel von
75 g Zucker	kurz mitbräunen lassen, die Haferflocken kalt stellen
1 Ei	mit einem Handrührgerät mit Rührbesen in 1 Minute schaumig schlagen, nach und nach den Rest des Zuckers,
3–5 Tropfen Bittermandel-Aroma	hinzugeben, noch etwa 2 Minuten schlagen
50 g Weizenmehl	mit
1 Msp.Backpulver	mischen, auf die Eicreme sieben, die erkalteten Haferflocken hinzufügen, kurz auf niedrigster Stufe unterrühren, von dem Teig mit 2 Teelöffeln walnußgroße Häufchen auf ein mit Backpapier belegtes Backblech setzen
Ober-/Unterhitze	170–200 °C (vorgeheizt)
Heißluft	160–180 °C (nicht vorgeheizt)
Gas	Stufe 3–4 (vorgeheizt)
Backzeit	12–15 Minuten.

Kokosplätzchen

(Foto Seite 153)

250 g Weizenmehl	mit
1 gestr. TL Backpulver	mischen, in eine Rührschüssel sieben
75 g Zucker	
1 Pck. Vanillin-Zucker	
2 Eigelb	
125 g weiche Butter oder Margarine	hinzufügen, die Zutaten mit einem Handrührgerät mit Knethaken zunächst kurz auf niedrigster, dann auf höchster Stufe gut durcharbeiten, anschließend auf der Arbeitsfläche zu einem glatten Teig verkneten, sollte er kleben, ihn eine Zeitlang kalt stellen, den Teig dünn ausrollen, mit zwei verschieden großen Formen (Ø etwa 4,5 cm und etwa 3 cm) ausstechen, die größeren Plätzchen auf ein gefettetes Backblech legen
3 Eiweiß	mit einem Handrührgerät mit Rührbesen auf höchster Stufe zu steifem Schnee schlagen, er muß so fest sein, daß ein Messerschnitt sichtbar bleibt
100 g Zucker	eßlöffelweise darunter rühren
175 g Kokosraspel	
3 Tropfen Bittermandel-Aroma	unterheben, die Kokosmasse in Häufchen auf die großen

	Teigplätzchen geben, jeweils ein kleines Teigplätzchen schräg daran legen
1 Eigelb	mit
1 TL Kondensmilch	verschlagen, die kleinen Teigplätzchen damit bestreichen, in den vorgeheizten Backofen schieben
Ober-/Unterhitze	175–200 °C
Heißluft	160–180 °C
Gas	Stufe 3–4
Backzeit	10–15 Minuten.

Tele-Happen

200 g Honig	mit
100 g Butter oder Margarine	
125 g Zucker	langsam erwärmen, zerlassen, in eine Rührschüssel geben, erkalten lassen, unter die fast erkaltete Masse mit einem Handrührgerät mit Rührbesen auf höchster Stufe
2 Eier	
20 g Kakao	
je 1/2 TL gem. Zimt und gem. Nelken	
1 gestr. TL Ingwerpulver	
2 Tropfen Bittermandel-Aroma	rühren
375 g Weizenmehl	mit
1 Pck. Backpulver	mischen, sieben, eßlöffelweise auf mittlerer Stufe unter den Teig rühren
60 g kandierten Ingwer	in kleine Stücke schneiden
50 g Zartbitter-Schokolade	fein hacken
50 g Korinthen	alle Zutaten unterheben, den Teig etwa 1/2 cm dick auf ein gefettetes Backblech streichen, in den vorgeheizten Backofen schieben
Ober-/Unterhitze	175–200 °C
Heißluft	160–180 °C
Gas	Stufe 3–4
Backzeit	25–30 Minuten
	das erkaltete Gebäck in Streifen, Rechtecke oder Dreiecke schneiden
200 g Puderzucker	sieben, mit
2–3 gestr. EL Kakao	
3–4 EL heißem Wasser	glattrühren, so daß eine dickflüssige Masse entsteht, die Happen damit bestreichen, nach Belieben garnieren.

Schokostäbchen

1 Ei	
1 Eigelb	
125 g Zucker	
1 Pck. Vanillin-Zucker	
Salz	
1 gestr. TL Instant-Kaffee-Pulver	mit einem Handrührgerät mit Rührbesen auf höchster Stufe schaumig schlagen
60 g Zartbitter-Schokolade	in kleine Stücke brechen, in einem kleinen Topf im Wasserbad bei schwacher Hitze glattrühren, unter die Eiermasse rühren
200 g gem. Mandeln	mit
1 Msp. Backpulver	mischen, 2/3 davon auf mittlerer Stufe unterrühren, den Rest unterkneten, den Teig kalt stellen
1 Eiweiß	steif schlagen
60 g Puderzucker	sieben, eßlöffelweise unter den Schnee schlagen, den Teig zu einem Rechteck (12 x 40 cm) ausrollen, die Teigplatte gleichmäßig mit dem Guß bestreichen, daraus Stäbchen (6 x 1 cm) schneiden, auf ein gefettetes Backblech legen, in den vorgeheizten Backofen schieben
Ober-/Unterhitze	175–200 °C
Heißluft	160–180 °C
Gas	Stufe 3–4
Backzeit	10–15 Minuten.

Nougatstangen

225 g Butter	geschmeidig rühren, nach und nach
100 g gesiebten Puderzucker	
1 Pck. Vanillin-Zucker	
3 Eigelb	
2 Msp. gem. Zimt	unterrühren
200 g Weizenmehl	mit
40 g Kakao	
1 gestr. TL Backpulver	mischen, sieben, eßlöffelweise unterrühren
125 g gemahlene, geröstete Haselnußkerne	unterheben, den Teig in einen Spritzbeutel mit gezackter Tülle füllen, etwa 4 cm lange Stangen auf ein gefettetes Backblech spritzen, in den vorgeheizten Backofen schieben

Ober-/Unterhitze	175–200 °C
Heißluft	160–180 °C
Gas	Stufe 3–4
Backzeit	7–10 Minuten
etwa 100 g	
Nuß-Nougatmasse	geschmeidig rühren, die Hälfte der erkalteten Plätzchen auf der Unterseite damit bestreichen, die übrigen darauf legen, gut andrücken.
	Für den Guß
150 g zartbittere	
Schokolade	in kleine Stücke brechen, mit
30 g Kokosfett	in einem kleinen Topf im Wasserbad bei schwacher Hitze zu einer geschmeidigen Masse verrühren, die Stangenenden hineintauchen.

Vanillemürbchen

250 g Weizenmehl	in eine Rührschüssel sieben
1/2 Fläschchen	
Butter-Vanille-Aroma	
1 Becher (150 g)	
Crème fraîche	
175 g weiche Butter	hinzufügen, die Zutaten mit einem Handrührgerät mit Knethaken zunächst kurz auf niedrigster, dann auf höchster Stufe gut durcharbeiten, anschließend auf der Arbeitsfläche zu einem glatten Teig verkneten, sollte er kleben, ihn eine Zeitlang kalt stellen, den Teig etwa 1/2 cm dick ausrollen, zunächst mit einer runden Form (Ø etwa 6 cm) ausstechen, die Teigplättchen mit einer kleineren Form (Ø etwa 4 cm) dann so ausstechen, daß Ringe und Plätzchen entstehen, diese mit
Kondensmilch	bestreichen, mit
etwa 75 g Hagelzucker	bestreuen, mit der unteren Seite auf ein Backlech legen, in den Backofen schieben
Ober-/Unterhitze	170–200 °C (vorgeheizt)
Heißluft	160–170 °C (nicht vorgeheizt)
Gas	Stufe 3–4 (vorgeheizt)
Backzeit	10–15 Minuten.

Gewürzmürbchen

(Foto Seite 154)

250 g Weizenmehl	in eine Rührschüssel sieben
1 gut geh. EL Zucker	
1 Pck. Vanillin-Zucker	
1 Fläschchen Rum-Aroma	
je 1 Msp. gem. Zimt und gem. Nelken	
2 EL Schlagsahne	
1 Eiweiß	
150 g weiche Butter	hinzufügen, die Zutaten mit einem Handrührgerät mit Knethaken zunächst kurz auf niedrigster, dann auf höchster Stufe gut durcharbeiten, anschließend auf der Arbeitsfläche zu einem glatten Teig verkneten, den Teig knapp 1/2 cm dick ausrollen, mit beliebigen Formen Plätzchen ausstechen, auf ein Backblech legen
1 Eigelb	
1 EL Milch	verschlagen, die Teigplätzchen damit bestreichen, mit
Hagelzucker	bestreuen, im vorgeheizten Backofen goldgelb backen
Ober-/Unterhitze	175–200 °C
Heißluft	160–180 °C
Gas	Stufe 3–4
Backzeit	10–15 Minuten.

Wiener Kolatschen

125 g Butter	geschmeidig rühren, nach und nach
100 g Zucker	
1 Pck. Vanillin-Zucker	
1 Ei	
1 Eigelb	
2 Tropfen Zitronen-Aroma	unterrühren
250 g Weizenmehl	mit
3 gestr. TL Backpulver	mischen, sieben, unterrühren, von dem Teig walnußgroße Häufchen auf ein gefettetes, mit
Weizenmehl	bestäubtes Backblech setzen

1 Eiweiß	mit
1 TL Zucker	verschlagen, die Teighäufchen damit bestreichen
50 g Zitronat (Sukkade)	in feine Würfel schneiden
70 g Korinthen	
50 g Mandeln	abziehen, hacken, die Zutaten mischen, die Teighäufchen damit bestreuen, in den vorgeheizten Backofen schieben
Ober-/Unterhitze	175–200 °C
Heißluft	160–180 °C
Gas	Stufe 3–4
Backzeit	etwa 15 Minuten.

Kokoshäufchen

50 g Butter oder Margarine	mit einem Handrührgerät mit Rührbesen auf höchster Stufe in etwa 1/2 Minute geschmeidig rühren, nach und nach
125 g Zucker	
1 Pck. Vanillin-Zucker	
1 Ei	
1/2 Fläschchen Rum-Aroma	
3 Tropfen Bittermandel-Aroma	unterrühren, so lange rühren, bis eine gebundene Masse entstanden ist
125 g Weizenmehl	mit
2 gestr. TL Backpulver	mischen, sieben, eßlöffelweise auf mittlerer Stufe unterrühren
etwa 1 EL Milch	unterrühren
250 g Kokosraspeln	zuletzt unter den Teig heben, mit 2 Teelöffeln Teighäufchen auf ein gefettetes Backblech setzen, in den vorgeheizten Backofen schieben
Ober-/Unterhitze	175–200 °C
Heißluft	160–180 °C
Gas	Stufe 3–4
Backzeit	10–12 Minuten.

Ingwergebäck

125 g Margarine	
oder Butter	mit Handrührgerät mit Rührbesen auf höchster Stufe geschmeidig rühren, nach und nach
200 g Zucker	
1 Pck. Vanillin-Zucker	
2 TL gemahlener Ingwer	
4 Eier	unterrühren
250 g Weizenmehl	mit
1 gestr. TL Backpulver	mischen, sieben, portionsweise mit
250 g Raspel-Schokolade	auf mittlerer Stufe unterrühren
	zuletzt
200 g kleingeschnittene	
Rosinen	unterheben
	den Teig auf ein gefettetes Backblech streichen.
Ober-/Unterhitze	etwa 180 °C (vorgeheizt)
Heißluft	etwa 160 °C (nicht vorgeheizt)
Gas	Stufe 3–4 (vorgeheizt)
Backzeit	20–25 Minuten
	das erkaltete Gebäck in Quadrate (4 x 4 cm) schneiden
150 g Halbbitter-	
Kuvertüre	in einem kleinen Topf bei schwacher Hitze (im Wasserbad) zu einer geschmeidigen Masse verrühren,
	das Gebäck damit bestreichen und nach Belieben mit
Belegkirschen	garnieren.

Punschherzen

150 g Weizenmehl	mit
1 gestr. TL Backpulver	mischen, auf die Arbeitsfläche sieben, in die Mitte eine Vertiefung eindrücken
75 g Zucker	
1 Pck. Vanillin-Zucker	
1 Ei	
1 Eigelb	hineingeben, mit einem Teil des Mehls zu einem dicken Brei verarbeiten
75 g kalte Butter	in Stücke schneiden, auf den Brei geben
50 g abgezogene,	
gemahlene Mandeln	darüber streuen, mit Mehl bedecken

	von der Mitte aus alle Zutaten schnell zu einem glatten Teig verkneten, sollte er kleben, ihn eine Zeitlang kalt stellen,
	den Teig dünn ausrollen, Herzen ausstechen, auf ein Backblech legen, in den vorgeheizten Backofen schieben
Ober-/Unterhitze	175–200 °C
Heißluft	160–180 °C
Gas	Stufe 3–4
Backzeit	etwa 10 Minuten
125 g Puderzucker	sieben, mit
1 Eiweiß	
5 Tropfen Zitronen-Aroma	
einigen Tropfen Wasser	zu einer dickflüssigen Masse verrühren,
	die erkalteten Plätzchen mit dem Guß bestreichen, nach Belieben mit
Buntzucker	bestreuen.

Wespennester

3 Eiweiß	mit einem Handrührgerät mit Rührbesen auf höchster Stufe steif schlagen, der Schnee muß so fest sein, daß ein Messerschnitt sichtbar bleibt, nach und nach
250 g feinkörnigen Zucker	
1 Pck. Vanillin-Zucker	unterschlagen
125 g geriebene Schokolade	
250 g abgezogene, gehackte Mandeln	beide Zutaten vorsichtig auf niedrigster Stufe unterheben,
	den Teig mit 2 Teelöffeln in Häufchen auf ein mit Backpapier belegtes Backblech setzen
Ober-/Unterhitze	130–150 °C (vorgeheizt)
Heißluft	110–130 °C (nicht vorgeheizt)
Gas	Stufe 1–2 (nicht vorgeheizt)
Backzeit	etwa 25 Minuten.

Granatsplitter

150 g Weizenmehl	mit
1 gestr. TL Backpulver	mischen, auf die Arbeitsfläche sieben, in die Mitte eine Vertiefung eindrücken
50 g Zucker	
1 Pck. Vanillin-Zucker	
1 Fläschchen Rum-Aroma	
2 EL Milch oder Wasser	hineingeben, mit einem Teil des Mehls zu einem dicken Brei verarbeiten
50 g kalte Butter	in Stücke schneiden, auf den Brei geben, mit Mehl bedecken, von der Mitte aus alle Zutaten schnell zu einem glatten Teig verkneten, sollte er kleben, ihn eine Zeitlang kalt stellen, den Teig dünn ausrollen, mit einer runden Form (Ø etwa 4 cm) etwa 45 Plätzchen ausstechen, den Teigrest zu Plätzchen ausrädern, alle Teigplätzchen auf ein gefettetes Backblech legen, in den vorgeheizten Backofen schieben
Ober-/Unterhitze	175–200 °C
Heißluft	160–180 °C
Gas	Stufe 3–4
Backzeit	etwa 10 Minuten
125 g Kokosfett	zerlassen, abkühlen lassen
65 g Puderzucker	
25 g Kakao	
1 Pck. Vanillin-Zucker	in eine Rührschüssel sieben
1 Fläschchen Rum-Aroma	
1 Ei	hinzufügen, nach und nach das Kokosfett unterrühren die ausgeräderten Plätzchen in kleine Stücke brechen, mit
75 g abgezogenen, gestiftelten Mandeln	unter die Kakaomasse rühren die Masse bergförmig auf die runden Plätzchen streichen
etwa 150 g Kuvertüre	in einem kleinen Topf im Wasserbad bei schwacher Hitze zu einer geschmeidgen Masse verrühren, die Granatsplitter mit der Oberseite eintauchen, kalt stellen, damit Belag und Guß fest werden.

Schokoladen-Tee-Canache, Rezept Seite 184

Witwenküsse, Rezept Seite 187

Prager Plätzchen, Rezept Seite 185

Zimtsterne, Rezept Seite 189; Zitronenherzen, Rezept Seite 186

Friesenkekse

(Foto Seite 155)

250 g Weizenmehl	
1 gestr. TL Backpulver	mischen, in eine Rührschüssel sieben
100 g Zucker	
1 Pck. Vanillin-Zucker	
1 Fläschchen Rum-Aroma	
2 EL Wasser	
100 g Butter oder Margarine	hinzufügen, mit Handrührgerät mit Knethaken zunächst kurz auf niedrigster, dann auf höchster Stufe gut durcharbeiten, anschließend auf der Arbeitsfläche zu einem glatten Teig verkneten, oder für den dunklen Teig
250 g Weizenmehl	
30 g Kakao	
1 gestr. TL Backpulver	mischen, in eine Rührschüssel sieben
100 g Zucker	
1 Pck. Vanillin-Zucker	
1 Fläschchen Rum-Aroma	
3 EL Wasser	
125 g Margarine	hinzufügen, mit Handrührgerät mit Knethaken zunächst kurz auf niedrigster, dann auf höchster Stufe gut durcharbeiten, anschließend auf der Arbeitsfläche zu einem glatten Teig verkneten, aus den Teigen 2–3 Rollen (Ø etwa 3 cm) formen in
Farinzucker	wenden, so lange kalt stellen, bis sie schnittfest geworden sind, Rollen in 1/2 cm dicke Scheiben schneiden, die obere Seite in Farinzucker drücken, auf ein gefettetes Backblech legen
Ober-/Unterhitze	180–200 °C (vorgeheizt)
Heißluft	160–180 °C (nicht vorgeheizt)
Gas	Stufe 3–4 (vorgeheizt)
Backzeit	etwa 10 Minuten.

Mandelhörnchen

200 g Marzipan-Rohmasse	
2 Eiweiß	mit einem Handrührgerät mit Rührbesen zu einer geschmeidigen Masse verrühren nach und nach
100 g Zucker	
1 Pck. Vanillin-Zucker	
50 g Weizenmehl	unterrühren, den Teig in einen Spritzbeutel mit glatter Tülle füllen, Hörnchen auf ein gefettetes, mit Mehl bestäubtes Backblech spritzen, mit
50 g abgezogenen, gehobelten Mandeln	bestreuen, das Backblech in den vorgeheizten Backofen schieben
Ober-/Unterhitze	175–200 °C
Heißluft	160–180 °C
Gas	Stufe 3–4
Backzeit	10–15 Minuten
100 g dunkle Kuchenglasur	nach der Vorschrift auf dem Beutel auflösen, die Enden der erkalteten Hörnchen damit bestreichen.

Kokostaler

300 g Weizenmehl	mit
1/2 gestr. TL Backpulver	mischen, auf die Arbeitsfläche sieben, in die Mitte eine Vertiefung eindrücken
100 g Zucker	
1 Pck. Vanillin-Zucker	
3 EL Milch	hineingeben, mit einem Teil des Mehls zu einem dicken Brei verarbeiten
150 g kalte Butter	in Stücke schneiden, auf den Brei geben, mit Mehl bedecken, von der Mitte aus alle Zutaten schnell zu einem glatten Teig verkneten, sollte er kleben, ihn eine Zeitlang kalt stellen, den Teig dünn ausrollen, mit einer runden Form (Ø etwa 4 cm) ausstechen, auf ein gefettetes Backblech legen, in den vorgeheizten Backofen schieben
Ober-/Unterhitze	175–200 °C
Heißluft	160–180 °C
Gas	Stufe 3–4
Backzeit	8–10 Minuten

150 g Nuß-Nougatmasse	in einem kleinen Topf im Wasserbad bei schwacher Hitze glattrühren, die Hälfte der erkalteten Plätzchen auf der Unterseite mit der Masse bestreichen, die übrigen mit der Unterseite darauf legen, gut andrücken, etwas herausgedrückte Masse am Rand verstreichen, die Plätzchen durch
50 g gem. Haselnußkerne	rollen.

Marzipankonfekt

200 g Marzipan-Rohmasse	
100 g gesiebter Puderzucker	
1 EL Kirschwasser	die Zutaten mit einem Handrührgerät mit Knethaken zunächst kurz auf niedrigster, dann auf höchster Stufe zu einer zusammenhängenden Masse verarbeiten, diese in mit Puderzucker ausgestäubte Pralinenförmchen drücken oder Motive daraus formen, das Konfekt vorsichtig mit einem Holzstäbchen aus den Förmchen lösen.
	Für den Guß
Puderzucker	sieben, mit so viel
Eiweiß oder Wasser	verrühren, daß eine dickflüssige Masse entsteht das Konfekt damit überziehen
Puderzucker	sieben, mit
Eiweiß	glattrühren, mit
Back- und Speisefarbe	färben, das Konfekt damit verzieren.

Orangenmakronen

3 Eiweiß	mit
200 g Zucker	
1 Pck. Vanillin-Zucker	in eine Schüssel geben, über Wasserdampf mit einem Handrührgerät mit Rührbesen auf höchster Stufe steif schlagen
abgeriebene Schale von 1 Orange (unbehandelt)	
3 EL Orangensaft	hinzufügen, weiterschlagen, die Masse muß so fest sein, daß ein Messerschnitt sichtbar bleibt, die Schüssel aus dem Wasserdampf nehmen
200 g abgezogene, gehobelte Mandeln	
50 g Semmelmehl	vorsichtig unter den Eierschnee heben (nicht rühren), den Teig mit 2 Teelöffeln in Häufchen auf ein gefettetes Backblech setzen
Ober-/Unterhitze	130–150 °C (vorgeheizt)
Heißluft	110–130 °C
Gas	Stufe 1–2 (nicht vorgeheizt)
Backzeit	etwa 30 Minuten.

Mandelplätzchen

150 g Weizenmehl	in eine Rührschüssel sieben
65 g Zucker	
Salz	
1 Pck. Vanillin-Zucker	
abgeriebene Schale von ½ Zitrone (unbehandelt)	
150 g weiche Butter	
75 g abgezogenen, gemahlenen Mandeln	hinzufügen, die Zutaten mit einem Handrührgerät mit Knethaken zunächst kurz auf niedrigster, dann auf höchster Stufe gut durcharbeiten, anschließend auf der Arbeitsfläche zu einem glatten Teig verkneten, sollte er kleben, ihn eine Zeitlang kalt stellen, den Teig dünn ausrollen, mit einer runden Form (Ø etwa 4 cm) Plätzchen ausstechen, auf ein Backblech legen, in den vorgeheizten Backofen schieben

Ober-/Unterhitze	175–200 °C
Heißluft	160–180 °C
Gas	Stufe 3–4
Backzeit	etwa 6 Minuten
Johannisbeergelee	die Hälfte der erkalteten Plätzchen auf der Unterseite mit bestreichen, die übrigen mit der Unterseite darauf legen, gut andrücken
100 g Schokolade	in kleine Stücke brechen, mit
etwas Kokosfett	in einem kleinen Topf im Wasserbad bei schwacher Hitze zu einer geschmeidigen Masse verrühren die Plätzchen jeweils zur Hälfte hineintauchen, mit
abgezogenen, halbierten Mandeln	garnieren.

Zedernbrot

3 Eiweiß	mit einem Handrührgerät mit Rührbesen auf höchster Stufe steif schlagen
375 g Puderzucker	mit
1 Pck. Vanillin-Zucker	mischen, sieben, nach und nach unterrühren
2 Tropfen Bittermandel-Aroma	
abgeriebene Schale ½ Zitrone (unbehandelt)	
1 EL Zitronensaft	und die Hälfte von
etwa 375 g abgezogenen, gem. Mandeln	vorsichtig auf niedrigster Stufe unterrühren, von dem Rest der Mandeln so viel unterkneten, daß der Teig kaum noch klebt, ihn auf einer mit
abgezogenen, gem. Mandeln oder gesiebtem Puderzucker	bestreuten Arbeitsfläche gut ½ cm dick ausrollen, Halbmonde ausstechen, auf ein mit Papier belegtes Backblech legen
Ober-/Unterhitze	130–150 °C (vorgeheizt)
Heißluft	110–130 °C (nicht vorgeheizt)
Gas	Stufe 1–2 (nicht vorgeheizt)
Backzeit	30–40 Minuten
150 g Puderzucker	sieben, mit
3–4 EL Zitronensaft	glattrühren, so daß eine dickflüssige Masse entsteht, die erkalteten Plätzchen damit bestreichen.

Mailänder Kekse

(Foto Seite 156)

125 g Butter	mit Handrührgerät mit Rührbesen geschmeidig rühren, nach und nach
125 g gesiebten Puderzucker	
abgeriebene Schale von 1 Zitrone (unbehandelt)	unterrühren, so lange rühren, bis eine gebundene Masse entstanden ist
1 Ei	
1 Eigelb	nach und nach unterrühren
250 g Weizenmehl	sieben, 1/3 davon eßlöffelweise auf mittlerer Stufe unterrühren, den Rest auf der Arbeitsfläche unterkneten, Teig 2–3 Stunden kalt stellen, in kleinen Portionen dünn ausrollen, Monde ausstechen, auf ein Backblech legen
1 Eigelb	mit
1 EL Wasser	verrühren, die Teigplätzchen damit bestreichen, mit jeweils 1 von
etwa 50 g abgezogenen, halbierten Mandeln	belegen
Ober-/Unterhitze	170–200 °C (vorgeheizt)
Heißluft	150–180 °C (nicht vorgeheizt)
Gas	Stufe 3–4 (vorgeheizt)
Backzeit	etwa 10 Minuten.

Bunte Weihnachtssterne

325 g Weizenmehl	mit
1 gestr. TL Backpulver	mischen, in eine Rührschüssel sieben
2 Eiweiß	
100 g Zucker	
Salz	
Mark von 1 Vanilleschote	
1 Fläschchen Butter-Vanille-Aroma	
160 g weiche Butter	hinzufügen, die Zutaten mit einem Handrührgerät mit Knethaken zunächst kurz auf niedrigster, dann auf höchster Stufe gut durcharbeiten, anschließend auf der Arbeitsfläche zu einem glatten Teig verkneten, sollte er kleben, ihn eine Zeitlang kalt stellen, den Teig dünn ausrollen, Sterne ausstechen, auf ein mit Backpapier belegtes Backblech legen

2 Eigelb	mit
1 EL Wasser	verschlagen, in drei Portionen teilen, mit
roter, gelber und grüner Lebensmittelfarbe	einfärben, die Sterne mit den drei Farben bestreichen, in den vorgeheizten Backofen schieben
Ober-/Unterhitze	etwa 200 °C
Heißluft	etwa 180 °C
Gas	etwa Stufe 4
Backzeit	12–15 Minuten.

Kringel mit Mandeln

(Foto Seite 196)

150 g Weizenmehl	
3 gestr. TL Backpulver	mischen, in eine Rührschüssel sieben
75 g Zucker	
100 g abgezogene, gem. Mandeln	
½ TL gem. Zimt	
abgeriebener Schale von 1 Orange (unbehandelt)	hinzufügen
1 Ei	
1 Eiweiß	mit
einigen Tropfen Bittermandel-Aroma	gut verrühren, hinzufügen
100 g weiche Butter	hinzufügen, die Zutaten mit einem Handrührgerät mit Knethaken zunächst kurz auf niedrigster, dann auf höchster Stufe gut durcharbeiten, anschließend auf der Arbeitsfläche zu einem glatten Teig verkneten, sollte der Teig kleben, ihn eine Zeitlang kalt stellen, den Teig etwa 3 mm dick ausrollen, zunächst mit einer runden Form (Ø 4,5–5 cm) ausstechen, die Teigplätzchen mit einer kleineren Form (Ø etwa 2 cm) in der Mitte so ausstechen, daß Ringe entstehen, auf ein mit Backpapier belegtes Backblech legen
1 Eigelb	mit
1 EL Wasser	verschlagen, die Teigringe damit bestreichen, mit
15–20 g feingehackten Mandeln	bestreuen, in den vorgeheizten Backofen schieben
Ober-/Unterhitze	etwa 200 °C
Heißluft	etwa 180 °C
Gas	etwa Stufe 4
Backzeit	10–12 Minuten.

Schokoladen-Tee-Canache

(Foto Seite 173)

25 g schwarzen Tee	mit
125 ml (1/8 l)	
kochendem Wasser	übergießen, etwa 3 Minuten ziehen lassen, durch ein Sieb gießen
125 ml (1/8 l) Schlagsahne	zum Kochen bringen, von der Kochstelle nehmen, Tee und
300 g Vollmilch-	
Kuvertüre	hinzufügen, die Kuvertüre unter Rühren darin auflösen
100 g weiche Butter	unterrühren,
	die Masse im Kühlschrank fest werden lassen, gut durchschlagen, dabei
50 g heißes Kokosfett	unterschlagen,
	die Masse etwa 1 cm dick auf ein mit Alufolie belegtes Brett streichen, im Kühlschrank fest werden lassen, anschließend mit einem in heißes Wasser getauchtes, abgetrockneten Messer in Rechtecke von 1 x 3 cm schneiden, die Rechtecke in
gesiebtem Kakao oder	
gesiebtem Puderzucker	wälzen, 2–3 Stunden in den Kühlschrank stellen
	Schokoladen-Tee-Canache in gut schließenden Dosen kühl aufbewahren.

Flockige Kokos-Makronen

(Foto Seite 129)

3 Eiweiß	mit einem Handrührgerät mit Rührbesen auf höchster Stufe steif schlagen, es muß so fest sein, daß ein Messerschnitt sichtbar bleibt
150 g Zucker	unterrühren
200 g Kokosraspel	mit
abgeriebener Schale von	
1 Orange (unbehandelt)	mischen, vorsichtig auf mittlerer Stufe unter den Eierschnee rühren,
	von der Masse mit 2 Teelöffeln Häufchen auf
28–30 Oblaten	setzen, auf ein gefettetes Backblech legen, in den vorgeheizten Backofen schieben
Ober-/Unterhitze	180–200 °C
Heißluft	160–180 °C
Gas	Stufe 3–4
Backzeit	10–12 Minuten.

Butterknöpfchen

200 g Butter	geschmeidig rühren, nach und nach
100 g Puderzucker	(gesiebt)
2 Pck. Vanillin-Zucker	
1 Eiweiß	unterrühren
150 g Weizenmehl	mit
150 g Speisestärke	mischen, sieben, 2/3 davon eßlöffelweise unterrühren, den Rest unterkneten, sollte der Teig kleben, ihn eine Zeitlang kalt stellen, aus dem Teig etwa 1 1/2 cm dicke Rollen formen, etwa 1 1/2 cm dicke Stückchen davon abschneiden, auf ein Backblech legen, etwas rund formen, mit einer in Mehl getauchten Gabel etwas flachdrücken, in den Backofen schieben
Ober-/Unterhitze	180–200 °C (vorgeheizt)
Heißluft	160–180 °C (nicht vorgeheizt)
Gas	Stufe 3–4 (vorgeheizt)
Backzeit	etwa 10 Minuten.

Prager Plätzchen

(Foto Seite 175)

375 g Weizenmehl	mit
1 gestr. TL Backpulver	mischen, in eine Rührschüssel sieben
50 g Zucker	
1 Pck. Vanillin-Zucker	
3 Eigelb	
250 g weiche Butter	hinzufügen, die Zutaten mit Handrührgerät mit Knethaken zunächst kurz auf niedrigster, dann auf höchster Stufe gut durcharbeiten, anschließend auf der Arbeitsfläche zu einem glatten Teig verkneten, sollte er kleben, ihn eine Zeitlang kaltstellen, den Teig dünn ausrollen, mit einer runden Form (Ø etwa 4 cm) ausstechen, auf ein Backblech legen.
3 Eiweiß	steif schlagen, es muß so fest sein, daß ein Messerschnitt sichtbar bleibt
200 g Puderzucker	sieben, nach und nach unterschlagen, die Masse in einen Spritzbeutel mit Lochtülle füllen, als Tuffs auf die Teigplätzchen spritzen, mit
75 g abgezogenen, gehackten Mandeln	bestreuen.
175 g Korinthen	in jedes Plätzchen einige hineindrücken
Ober-/Unterhitze	170–200 °C (vorgeheizt)
Heißluft	150–170 °C (nicht vorgeheizt)
Gas	Stufe 3–4 (vorgeheizt)
Backzeit	10–15 Minuten.

Baiser

4 Eiweiß	mit Handrührgerät mit Rührbesen auf höchster Stufe steif schlagen, so daß ein Messerschnitt sichtbar bleibt
200 g feinkörnigen Zucker	eßlöffelweise unterschlagen, die Baisermasse in einen Spritzbeutel füllen, in beliebigen Formen auf ein mit Backpapier belegtes Backblech spritzen oder mit 2 Teelöffeln aufsetzen, das Gebäck darf nur leicht aufgehen und sich schwach gelblich färben
Ober-/Unterhitze	110–130 °C (vorgeheizt)
Heißluft	etwa 100 °C (nicht vorgeheizt)
Gas	25 Minuten Stufe 1, 25 Minuten aus, 25 Minuten Stufe 1 (nicht vorgeheizt)
Backzeit	70–100 Minuten.

Zitronenherzen

3 Eigelb	
120 g Zucker	
1 Pck. Vanillin-Zucker	mit Handrührgerät mit Rührbesen auf höchster Stufe so lange schlagen, bis eine cremeartige Masse entstanden ist
3 Tropfen Zitronen-Aroma	
1 Msp. Backpulver	und so viel von
200–250 g abgezogenen, gem. Mandeln*	unterrühren, daß ein fester Brei entsteht, von dem Rest der Mandeln so viel unterkneten, daß der Teig kaum noch klebt, ihn auf einer mit
abgezogenen, gem. Mandeln	bestreuten Arbeitsfläche etwa ½ cm dick ausrollen, Herzen ausstechen, auf ein mit Backpapier belegtes Backblech legen
Ober-/Unterhitze	170–200 °C (vorgeheizt)
Heißluft	160–170 °C (nicht vorgeheizt)
Gas	Stufe 3–4 (vorgeheizt)
Backzeit	etwa 10 Minuten
100 g Puderzucker	sieben, mit
etwa 1 EL. Zitronensaft	glattrühren, so daß eine dickflüssige Masse entsteht, sofort nach dem Backen die Plätzchen damit bestreichen.

* die erforderliche Menge hängt von der Größe der Eier ab.

Nußtaler

375 g Weizenmehl	mit
125 g Speisestärke	
2 gestr. TL Backpulver	mischen, in eine Rührschüssel sieben
250 g Zucker	
1 Pck. Vanillin-Zucker	
3 Tropfen Bittermandel-Aroma	
Salz	
2 Eier	
250 g weiche Butter	hinzufügen, die Zutaten mit einem Handrührgerät mit Knethaken zunächst kurz auf niedrigster, dann auf höchster Stufe gut durcharbeiten
250 g Haselnußkerne	vierteln, kurz unterkneten, anschließend alles auf der Arbeitsfläche zu einem glatten Teig verkneten, aus dem Teig $2^1/_2$ cm dicke Rollen formen, so lange kalt stellen, bis sie hart geworden sind, die Rollen in etwa $^1/_2$ cm dicke Scheiben schneiden, auf ein Backblech legen, in den Backofen schieben
Ober-/Unterhitze	175–200 °C (vorgeheizt)
Heißluft	160–170 °C (nicht vorgeheizt)
Gas	Stufe 3–4 (vorgeheizt)
Backzeit	10–15 Minuten.

Witwenküsse

(Foto Seite 174)

3 Eiweiß	steif schlagen
200 g Zucker	
1 Pck. Vanillin-Zucker	nach und nach unterschlagen
125 g geriebene Schokolade	
250 g abgezogene, gehackte Mandeln	vorsichtig unterheben (nicht rühren), mit 2 Teelöffeln Häufchen auf ein mit Backpapier belegtes Backblech setzen
Ober-/Unterhitze	130–150 °C (vorgeheizt)
Heißluft	110–130 °C (nicht vorgeheizt)
Gas	Stufe 1–2 (vorgeheizt)
Backzeit	etwa 25 Minuten.

Mandelsterne

300 g Weizenmehl	mit
20 g Kakao	
1 gestr. TL Backpulver	mischen, in eine Rührschüssel sieben
75 g Zucker	
1 Pck. Vanillin-Zucker	
3 Tropfen Bittermandel-Aroma	
3 EL Milch	
175 g weiche Margarine	hinzufügen, die Zutaten mit einem Handrührgerät mit Knethaken zunächst kurz auf niedrigster, dann auf höchster Stufe gut durcharbeiten, anschließend auf der Arbeitsfläche zu einem glatten Teig verkneten, sollte er kleben, ihn eine Zeitlang kalt stellen, den Teig etwa 3 mm dick ausrollen, Sterne ausstechen, auf ein gefettetes Backblech legen, die Teigplätzchen mit
Kondensmilch	bestreichen, mit
etwa 50 g Zucker	
200 g abgezogenen, gehobelten Mandeln	bestreuen, in den vorgeheizten Backofen schieben
Ober-/Unterhitze	175–200 °C
Heißluft	160–180 °C
Gas	Stufe 3–4
Backzeit	10–15 Minuten.

Weihnachtsmänner

500 g Weizenmehl	in eine Rührschüssel sieben, mit
1 Pck. Trockenhefe	sorgfältig vermischen
75 g Zucker	
1 Pck. Vanillin-Zucker	
Salz	
75 g zerlassene, lauwarme Butter	
250 ml (1/4 l) lauwarme Milch	hinzufügen, die Zutaten mit einem Handrührgerät mit Knethaken zuerst auf niedrigster, dann auf höchster Stufe in etwa 5 Minuten zu einem Teig verarbeiten, den Teig an einem warmen Ort so lange stehen lassen, bis er sich sichtbar vergrößert hat, ihn dann auf der Arbeitsfläche nochmals gut durchkneten, den Teig in 4 gleich große Stücke teilen, diese zu etwa 22 cm langen, ovalen Stücken ausrollen, Figuren daraus schneiden, je zwei auf ein

	gefettetes Backblech legen, die Teigstücke mit
Kondensmilch	bestreichen, nach Belieben mit
Rosinen, Korinthen kandierten Kirschen oder abgezogenen Mandeln Zitronat (Sukkade)	garnieren (Teigreste mit verwenden), den Teig nochmals so lange an einem warmen Ort gehen lassen, bis er sich sichtbar vergrößert hat
Ober-/Unterhitze	200–220 °C (vorgeheizt)
Heißluft	180–200 °C (nicht vorgeheizt)
Gas	Stufe 4–5 (vorgeheizt)
Backzeit pro Blech	15–20 Minuten
	nach Belieben das Gebäck sofort nach dem Backen mit
heißem Zuckerwasser	bestreichen.

Zimtsterne

(Foto Seite 176)

3 Eiweiß	mit einem Handrührgerät mit Rührbesen auf höchster Stufe steif schlagen
250 g Puderzucker	sieben, nach und nach unterrühren, zum Bestreichen der Sterne 2 gut gehäufte Eßlöffel Eischnee abnehmen
1 Pck. Vanillin-Zucker 3 Tropfen Bittermandel-Aroma 1 gestr. TL gem. Zimt	und die Hälfte von
275–325 g nicht abgezogenen, gem. Mandeln	vorsichtig auf niedrigster Stufe unter den übrigen Eischnee rühren, von dem Rest der Mandeln so viel unterkneten, daß der Teig kaum noch klebt, ihn auf einer mit
Puderzucker	bestäubten Arbeitsfläche etwa ½ cm dick ausrollen, Sterne ausstechen, auf ein mit Backpapier belegtes Backblech legen, mit dem zurückgelassenen Eischnee bestreichen, der Guß muß so sein, daß er sich glatt auf die Sterne streichen läßt, evtl. einige Tropfen
Wasser	unterrühren
Ober-/Unterhitze	130–150 °C (vorgeheizt)
Heißluft	etwa 120 °C (nicht vorgeheizt)
Gas	Stufe 1–2 (nicht vorgeheizt)
Backzeit	20–30 Minuten
	das Gebäck muß sich beim Herausnehmen auf der Unterseite noch etwas weich anfühlen.
Tip:	Die Zimtsterne am besten in Kartons aufbewahren.

Alexanderplätzchen

	Für den Teig
250 g Weizenmehl	mit
1 Msp. Backpulver	mischen, in eine Rührschüssel sieben
200 g Zucker **1 Pck. Bourbon Vanille-Zucker** **1/2 TL gem. Zimt** **1 Msp. gem. Nelken** **1 Ei** **250 g weiche Butter oder Margarine**	hinzufügen, die Zutaten mit Handrührgerät mit Knethaken zunächst kurz auf niedrigster, dann auf höchster Stufe gut durcharbeiten
250 g abgezogene, gem. Mandeln	auf mittlerer Stufe kurz unterkneten, anschließend alles auf der Arbeitsfläche zu einem glatten Teig verkneten,, den Teig einige Stunden kalt stellen, portionsweise dünn ausrollen, Plätzchen ausstechen, auf ein mit Backpapier belegtes Backblech legen
Ober-/Unterhitze	170–200 °C (vorgeheizt)
Heißluft	150–180 °C (nicht vorgeheizt)
Gas	Stufe 3–4 (vorgeheizt)
Backzeit	etwa 10 Minuten
	die Hälfte der erkalteten Plätzchen auf der Unterseite mit
4 EL Himbeerkonfitüre (durch ein Sieb gestrichen)	bestreichen, die übrigen mit der Unterseite darauf legen.
	Für den Guß
100 g gesiebten Puderzucker	mit
1-2 EL Himbeerkonfitüre (durch ein Sieb gestrichen) **etwas Zitronensaft**	zu einer dünnflüssigen Masse verrühren, die Plätzchen damit bestreichen, mit
abgezogenen, halbierten Mandeln	belegen.
Tip:	Die zusammengesetzten Plätzchen nur mit Puderzucker bestäuben.

Florentiner Plätzchen

	Für den Teig
150 g Weizenmehl	in eine Rührschüssel sieben
50 g Zucker	
1 Pck. Vanillin-Zucker	
1 Ei	
75 g Margarine oder Butter	hinzufügen, die Zutaten mit Handrührgerät mit Knethaken zunächst kurz auf niedrigster, dann auf höchster Stufe gut durcharbeiten, anschließend auf der Arbeitsfläche zu einem glatten Teig verkneten, evtl. kalt stellen, den Teig dünn ausrollen, runde Plätzchen (Ø etwa 5 cm) ausstechen, auf ein Backblech legen, hellgelb vorbacken
Ober-/Unterhitze	170–200 °C (vorgeheizt)
Heißluft	etwa 160 °C (nicht vorgeheizt)
Gas	Stufe 3–4 (vorgeheizt)
Backzeit	etwa 8 Minuten die Plätzchen erkalten lassen.
	Für den Belag
50 g Butter, 50 g Zucker	
2 gestr. EL Honig	unter Rühren langsam zerlassen, erhitzen, bräunen lassen
125 ml ($^{1}/_{8}$ l) Schlagsahne	hinzufügen, rühren, bis der Zucker gelöst ist
100 g abgezogene, gehobelte Mandeln	
100 g gehobelte Haselnußkerne	
2 EL gemahlene Haselnußkerne	
50 g in Stücke geschnittene Belegkirschen	dazugeben, so lange unter Rühren schwach kochen lassen, bis die Masse gebunden ist, den Belag auf die Unterseite der erkalteten Plätzchen verteilen, wieder auf das Backblech legen
Ober-/Unterhitze	etwa 170 °C (vorgeheizt)
Heißluft	etwa 150 °C (nicht vorgeheizt)
Gas	Stufe 3–4 (vorgeheizt)
Backzeit	10–12 Minuten.
	Für den Guß
75 g dunkle Kuchenglasur	nach Anleitung auf dem Päckchen auflösen, die erkalteten Plätzchen auf der Unterseite damit bestreichen.

Butterplätzchen

250 g Butter	zerlassen, kalt stellen, in das erkaltete, wieder etwas festgewordene Fett nach und nach eßlöffelweise
125 g gesiebten Puderzucker	
1 Pck. Vanillin-Zucker	geben, so lange rühren, bis Butter und Zucker weißschaumig geworden sind, dann
300 g Weizenmehl	sieben, 2/3 davon eßlöffelweise unterrühren, wenn der Teig fester wird,
1 EL Milch	hinzufügen, den Rest des Mehls mit dem Teigbrei zu einem glatten Teig verkneten, den Teig in kleinen Mengen dünn ausrollen, mit kleinen beliebigen Formen ausstechen, auf ein Backblech legen
Ober-/Unterhitze	170–200 °C (vorgeheizt)
Heißluft	150–180 °C (nicht vorgeheizt)
Gas	Stufe 2–3 (vorgeheizt)
Backzeit	etwa 5 Minuten.

Schottische Butterplätzchen

(Foto Seite 193)

375 g Weizenmehl	in eine Rührschüssel sieben
200 g Rohrzucker	
1 Pck. Bourbon Vanille-Zucker	
250 g Butter	hinzufügen, die Zutaten mit Handrührgerät mit Knethaken zunächst kurz auf niedrigster, dann auf höchster Stufe gut durcharbeiten, anschließend auf der Arbeitsfläche zu einem glatten Teig verkneten, aus dem Teig 2–2 1/2 cm dicke Rollen formen, so lange kalt stellen, bis sie hart geworden sind, die Rollen in etwa 1/2 cm dicke Scheiben schneiden, auf ein Backblech legen
Ober-/Unterhitze	170–200 °C (vorgeheizt)
Heißluft	160–170 °C (nicht vorgeheizt)
Gas	Stufe 3–4 (vorgeheizt)
Backzeit	etwa 10 Minuten.

Schottische Butterplätzchen, Rezept Seite 192

Marzipanstangen, Rezept Seite 201

Konfettitaler, Rezept Seite 203

Kringel mit Mandeln, Rezept Seite 183

Nußhäufchen, Rezept Seite 206

Sesam-Mandel-Häufchen, Rezept Seite 206

Terrassen, *Rezept Seite 204*

Knusperhäuschen, Rezept Seite 98

Marzipanstangen

(Foto Seite 194)

	Für den Teig
200 g Marzipan-Rohmasse	mit Handrührgerät mit Rührbesen auf höchster Stufe gut verrühren
125 g weiche Butter oder Margarine	hinzufügen, zu einer geschmeidigen Masse verrühren, nach und nach
100 g Zucker 1 Pck. Vanillin-Zucker 1 Prise Salz abgeriebene Schale von 1 Zitrone (unbehandelt)	unterrühren, so lange rühren, bis eine gebundene Masse entstanden ist
2 Eier	nach und nach unterrühren (jedes Ei etwa 1/2 Minute)
200 g Weizenmehl	mit
1 gestr. TL Backpulver	mischen, sieben, eßlöffelweise auf mittlerer Stufe unterrühren, den Teig in einen Spritzbeutel mit kleiner Lochtülle füllen, 5 cm lange, spiralförmige Stangen auf ein mit Papier belegtes Backblech spritzen, das Backblech in den Backofen schieben
Ober-/Unterhitze	180–200 °C (vorgeheizt)
Heißluft	160–180 °C (nicht vorgeheizt)
Gas	Stufe 3–4 (vorgeheizt)
Backzeit	8–10 Minuten.
	Für den Guß
100 g Halbbitter-Kuvertüre	mit
etwas Kokosfett	in einem kleinen Topf im Wasserbad bei schwacher Hitze zu einer geschmeidigen Masse verrühren, die Hälfte der erkalteten Stangen damit verzieren (mit Hilfe eines Pergamentpapiertütchens), die übrigen Stangen mit den Enden hineintauchen.

Erdnußplätzchen

125 g Butter	geschmeidig rühren, nach und nach
125 g Rohrzucker	
125 g Zucker	
1 Pck. Vanillin-Zucker	
1 Prise Salz	
2 Eier	
1 Glas (etwa 330 g) Erdnußmus aus gerösteten Erdnußkernen	unterrühren
250 g Weizenmehl	mit
1 gestr. TL Backpulver	mischen, sieben, eßlöffelweise unterrühren, mit 2 Teelöffeln Häufchen von dem Teig abstechen, auf ein mit Backpapier belegtes Backblech setzen, etwas flach andrücken, so daß die Plätzchen die Größe eines Fünfmarkstückes erhalten (den Löffel zwischendurch in lauwarmes Wasser tauchen), das Backblech in den Backofen schieben
Ober-/Unterhitze	170–200 °C (vorgeheizt)
Heißluft	150–170 °C (nicht vorgeheizt)
Gas	Stufe 3–4 (vorgeheizt)
Backzeit	etwa 10 Minuten.

Hirseplätzchen

250 g Butter oder Margarine	mit Handrührgerät mit Rührbesen auf höchster Stufe in etwa ½ Minute geschmeidig rühren, nach und nach
100 g flüssigen Honig	unterrühren, so lange rühren, bis eine gebundene Masse entstanden ist, nach und nach
2 Eier	unterrühren (jedes Ei etwa ½ Minute)
200 g feingemahlene Hirse	
50 g Weizenmehl (Type 405)	mit
1 TL Backpulver	mischen, alle Zutaten auf niedrigster Stufe, dann auf mittlerer Stufe unterrühren, zum Schluß

50 g Korinthen	
50 g gehacktes	
Zitronat (Succade)	unterrühren, auf ein mit Backpapier belegtes Backblech mit 2 Teelöffeln kleine Häufchen setzen (nicht zu dicht) das Blech in den Backofen schieben
Ober-/Unterhitze	180–200 °C (vorgeheizt)
Heißluft	160–180 °C (nicht vorgeheizt)
Gas	Stufe 2–3 (vorgeheizt)
Backzeit	10–15 Minuten.

Konfettitaler

(Foto Seite 195)

200 g Weizenmehl	
50 g Speisestärke	
1 gestr. TL Backpulver	mischen, auf die Tischplatte sieben, in die Mitte eine Vertiefung eindrücken
125 g Zucker	
1 Pxk. Vanillin-Zucker	
1 Ei	hineingeben, mit einem Teil des Mehls zu einem dicken Brei verarbeiten
125 g kalte Butter	in Stücke schneiden, mit
125 g kleingeschnittenen, kandierten Früchten	auf den Brei geben, mit Mehl bedecken, von der Mitte aus alle Zutaten schnell zu einem glatten Teig verkneten, aus deM Teig etwa 2 1/2 cm dicke Rollen formen, kalt stellen, bis sie hart geworden sind, die Rollen in gut 1/2 cm dicke Scheiben schneiden, auf ein Backblech legen, in den Backofen schieben
Ober-/Unterhitze	180–200 °C (vorgeheizt)
Heißluft	160–180 °C (nicht vorgeheizt)
Gas	Stufe 3–4 (vorgeheizt)
Backzeit	etwa 10 Minuten.

Gewürzplätzchen

3 Eier	mit Handrührgerät mit Rührbesen auf höchster Stufe schaumig schlagen, nach und nach
200 g Zucker **1 Pck. Vanillin-Zucker** **1/2 Fläschchen Rum-Aroma oder Zitronen-Aroma** **1/2 gestr. TL gem. Kardamom** **1 gestr. TL gem. Nelken** **1 gestr. TL gem. Zimt**	hinzufügen, so lange schlagen, bis eine cremeartige Masse entstanden ist (nach etwa 15 Minuten)
200 g Weizenmehl **1 Msp. Backpulver**	mischen, sieben, eßlöffelweise auf mittlerer Stufe unterrühren, den Teig dünn und gleichmäßig (knapp 1/2 cm) auf ein gefettetes Backblech streichen
Ober-/Unterhitze	200–220 °C (vorgeheizt)
Heißluft	180–200 °C (nicht vorgeheizt)
Gas	Stufe 3–4 (vorgeheizt)
Backzeit	etwa 15 Minuten.
	nach 10 Minuten Backzeit das Gebäck in Rechtecke von etwa 2 1/2 cm schneiden, weiterbacken lassen, die gebräunten Plätzchen nach und nach vom Blech nehmen, das Gebäck darf dabei nicht abkühlen, es zerbricht sonst, die Plätzchen in gut schließenden Blechdosen aufbewahren.

Terrassen

(Foto Seite 199)

300 g Weizenmehl	mit
2 gestr. TL Backpulver	mischen, in eine Rührschüssel schieben
100 g Zucker **1 Pck. Vanillin-Zucker** **1 Ei** **150 g weiche Butter**	hinzufügen, die Zutaten mit Handrührgerät mit Knethaken zunächst kurz auf niedrigster, dann auf höchster Stufe gut durcharbeiten, anschließend auf der Tischplatte zu einem glatten Teig verkneten, sollte er kleben, ihn eine Zeitlang kalt stellen, den Teig dünn ausrollen, Plätzchen von gleicher Form, aber in drei verschiedenen Größen (die gleiche Anzahl von jeder Größe) ausstechen, auf ein Backblech legen, in den Backofen schieben

Ober-/Unterhitze	170–200 °C (vorgeheizt)
Heißluft	160–170 °C (nicht vorgeheizt)
Gas	Stufe 3–4 (vorgeheizt)
Backzeit	8–10 Minuten
	von je drei Plätzchen verschiedener Größe die beiden kleinen auf der Unterseite mit
Gelee oder Konfitüre (durch ein Sieb gestrichen)	bestreichen, terrassenförmig auf das größte setzen, die Plätzchen mit
Puderzucker	bestäuben, mit einem Konfitüretüpfchen garnieren.

Streuselplätzchen mit Pfiff

	Für den Teig
250 g Weizenmehl	mit
1 gestr. Backpulver	mischen, in eine Rührschüssel sieben
100 g Zucker	
1 Pck. Vanillin-Zucker	
1 Prise Salz	
175 g weiche Margarine oder Butter	
75 g abgezogene, gem. Mandeln	hinzufügen, die Zutaten mit Handrührgerät mit Knethaken zunächst kurz auf niedrigster, dann auf höchster Stufe gut durcharbeiten, anschließend auf der Tischplatte zu einem glatten Teig verkneten, sollte er kleben, ihn eine Zeitlang kalt stellen, den Teig etwa 2 mm dick ausrollen, mit einer runden Form (Ø etwa 6 cm) ausstechen, auf ein Backblech legen.
	Für die Streusel
250 g Weizenmehl	in eine Rührschüssel sieben
125 g Zucker	
1 Pck. Vanillin-Zucker	
1 Msp. gem. Zimt	
125 g weiche Butter	hinzufügen, die Zutaten mit Handrührgerät mit Knethaken zu Streuseln von gewünschter Größe verarbeiten, gleichmäßig auf die Teigplätzchen verteilen, mit
kandierten Kirschen	belegen, das Backblech in den Backofen schieben
Ober-/Unterhitze	180–200 °C (vorgeheizt)
Heißluft	160–180 °C (nicht vorgeheizt)
Gas	Stufe 3–4 (vorgeheizt)
Backzeit	etwa 15 Minuten.
Veränderung:	Anstelle von kandierten Kirschen die Plätzchen mit gedünsteten Sauerkirschen belegen.

Nußhäufchen

(Foto Seite 197)

150 g weiche Butter	mit Handrührgerät mit Rührbesen auf höchster Stufe in etwa 1/2 Minute geschmeidig rühren, nach und nach
200 g Haselnußmus (aus dem Glas)	
150 g Zucker	unterrühren, so lange rühren, bis eine gebundene Masse entstanden ist
2 Eier	nach und nach unterrühren (jedes Ei etwa 1/2 Minute)
125 g fein gem. Buchweizen	
125 g feingem. Weizen oder Dinkel	mit
1 gestr. TL Backpulver	mischen, eßlöffelweise auf mittlerer Stufe unterrühren, von dem Teig mit 2 Teelöffeln Häufchen abnehmen, auf ein mit Backpapier belegtes Backblech setzen, jeweils einige von
etwa 30 g abgezogenen, gehobelten Mandeln	in die Teighäufchen stecken, das Backblech in den Backofen schieben
Ober-/Unterhitze	180–200 °C (vorgeheizt)
Heißluft	160–180 °C (nicht vorgeheizt)
Gas	Stufe 3–4 (vorgeheizt)
Backzeit	etwa 15 Minuten.

Sesam-Mandel-Häufchen

(Foto Seite 198)

50 g abgezogene, gem. Mandeln	
100 g Vollkornhaferflocken	
100 g gem. Sesamsamen	jeweils einzeln in einer Pfanne trocken unter ständigem Rühren kurz rösten, erkalten lassen, in einer Rührschüssel mit
5–7 EL flüssigem Honig	mit Handrührgerät mit Knethaken zunächst auf niedrigster, dann auf höchster Stufe zu einem Teig verarbeiten, eine Rolle formen (Ø 1 1/2–2 cm), gleichlange Stücke abschneiden, zu Kugeln formen, die Teigkugeln auf ein mit Backpapier ausgelegtes Backblech setzen

abgezogene, halbierte Mandeln	in die Mitte jeder Kugel stecken, das Backblech in den Backofen schieben
Ober-/Unterhitze	160–180 °C (vorgeheizt)
Heißluft	140–160 °C (nicht vorgeheizt)
Gas	Stufe 1–2 (vorgeheizt)
Backzeit	15–20 Minuten.

Rumkränzchen

	Für den Teig
100 g Butter oder Margarine	mit Handrührgerät mit Rührbesen auf höchster Stufe in etwa 1/2 Minute geschmeidig rühren, nach und nach
100 g Zucker	
1 Pck. Vanillin-Zucker	
1 Fläschchen Rum-Aroma	unterrühren, so lange rühren, bis eine gebundene Masse entstanden ist
1 Ei	unterrühren (etwa 1/2 Minute)
100 g Weizenmehl	mit
1 gestr. TL Backpulver	mischen, sieben, eßlöffelweise auf mittlerer Stufe unterrühren
200 g Haferflocken	unterkneten, sollte der Teig kleben, ihn eine Zeitlang kalt stellen, den Teig dünn ausrollen, mit einer runden Form (Ø etwa 6 cm) ausstechen, so daß Kränzchen entstehen, diese auf ein gefettetes Backblech legen, in den Backofen schieben
Ober-/Unterhitze	180–200 °C (vorgeheizt)
Heißluft	160–180 °C (nicht vorgeheizt)
Gas	Stufe 3–4 (vorgeheizt)
Backzeit	10–15 Minuten.
	Für den Guß
100 g gesiebten Puderzucker	mit
2–3 EL Rum	zu einer dickflüssigen Masse verrühren, die noch warmen Kränzchen damit bestreichen.

Zöpfe, Stollen, Kränze, Brote

Festliche Torten

Klassisches & traditionelles Gebäck

Honig-Sirup-Gebäck

Kleingebäck & Wohlgeformtes